W0086073

The German Element

Christoph Freiherr Schenck zu Schweinsberg

Herausgegeben von John C. Kornblum

SCHENCK  GESCHICHTE

» Friedrich Wilhelm v. Steuben (1730-1794)
preussischer general im amerikanischen
unabhänigkeitskrieg

Christoph Freiherr Schenck zu Schweinsberg

THE GERMAN ELEMENT

DEUTSCHE EINWANDERER IN DEN USA

Herausgegeben von John C. Kornblum

Schenck Verlag

Hamburg

INHALT

JOHN C. KORNBLUM

VORWORT

In meinem Leben haben die deutsch-amerikanischen Beziehungen von jeher eine große Rolle gespielt. Nicht zuletzt hängt das damit zusammen, dass ich, ebenso wie viele Amerikaner heute, deutsche Vorfahren habe. Die deutsch-amerikanische Geschichte reicht zurück bis in das ausgehende 17. Jahrhundert – mehr als dreihundert Jahre.

Trotz aller Unterschiede waren die Voraussetzungen für diese Bindungen verblüffend ähnlich. Während Europa, und ganz besonders Deutschland, aufgerieben durch unzählige kriegerische Auseinandersetzungen, nach einer neuen Form nationaler Identität suchte, erwuchs mit Amerika nicht nur eine neue Nation, sondern auch ein neues Konzept des Zusammenlebens. Die Notwendigkeit auf beiden Seiten, sich auf die neuen Gegebenheiten einer industriellen Revolution einzustellen, haben Deutschland und Amerika oft miteinander verbunden, aber auch ebenso häufig gespalten. Das Gemeinsame aber blieb, beide Nationen waren Produkte eines neuen Zeitalters.

Während sich in Amerika eine nahezu revolutionär neue Staatsform entwickelte –, weg von dreizehn unabhängigen Kolonien hin zu einem vereinten Amerika –, bestand Deutschland aus nicht weniger als tausend kleinen semi-feudalen Einheiten und einer Bevölkerung, die sich nichts mehr wünschte als Frieden und Einheit.

Amerikas Einfluss in der Welt nahm im 19. Jahrhundert ständig zu, auch durch Millionen deutscher Einwanderer, die der Enge und Unterdrückung zu Hause zu entfliehen suchten. Man kann mit gutem Recht behaupten, dass amerikanische Kultur eine klassische Symbiose aus angelsächsischen und deutschen Wurzeln ist. Die heutige Rolle der Vereinigten Staaten von Amerika in der Welt allerdings ist in erster Linie durch den Einfluss Deutschlands bestimmt. Die Entscheidung Amerikas, in zwei Weltkriege gegen Deutschland einzutreten, trug entscheidend dazu bei, dass die USA zu einer Supermacht wurden.

Aber genau diese Erfahrungen zeigen, dass es die Fähigkeit zum Wandel ist, die Deutschland und Amerika gleichermaßen kennzeichnet. Die Erklärung ist im Selbstverständnis beider Völker zu finden, das eigene nationale Gebilde nie als ein fertiges Produkt anzusehen, sondern vielmehr als die Verkörperung eines dynamischen Ideals, dem es gerecht zu werden gilt.

Diese Sicht auf die eigene, sich im Wandel befindliche Gesellschaft setzt voraus, den gegenwärtigen Status quo als zeitlich begrenzt anzunehmen. Die Erkenntnis wiederum basiert auf der Einsicht, den Gründungsursprung der eigenen Nation im Streben nach nationaler Einheit und nicht in ihren geopolitischen Voraussetzungen zu sehen, wie es vielen anderen Nationen eigen ist. In dem Maße, in dem sich die Welt um uns herum verändert, justieren wir den Kompass unserer Zielvorgaben und Strategien. Je einschneidender deshalb die Veränderungen um uns herum sind, desto wichtiger sind die Folgen, wie die Erfahrungen des 19. und 20. Jahrhunderts gezeigt haben.

Ungeachtet der zahlreichen Rückschläge sind die Bande der Freundschaft zwischen Deutschland und Amerika erhalten geblieben. Das ist vor allem den engen menschlichen Kontakten zu verdanken, die über die Jahrhunderte immer mehr Brücken geschlagen haben, als alte zerstört wurden. Dieses Buch ist Zeugnis der engen Bindungen beider Länder, die selbst die dunkelsten Zeiten der Entfremdung überstanden haben.

Im Begriff, die eigene Nation zu gründen, probierte jeder für sich das aus, was ihn weiterzubringen schien. Viele dieser Schritte wurden miteinander unternommen. Sowohl Entwicklungen als auch Interessen deckten oder überschnitten sich. Die ersten Verträge, die das junge Amerika mit der Alten Welt einging, schloss es mit dem preußischen König Friedrich dem Großen, und Amerika war das einzige Land, das die Frankfurter Republik von 1848 offiziell anerkannte. Deutsche brachten ihr Können, ihre Ideale in die junge amerikanische Republik, und im Gegenzug begeisterten die Ideale dieser jungen Nation Deutsche, deren Ziel die Gestaltung einer modernen Republik war.

Nach der Niederlage der demokratischen Kräfte 1848 wanderten Tausende Deutsche aus politischen Gründen nach Amerika aus. Wir werden in diesem Buch über Carl Schurz lesen, einen der bedeutendsten Politiker Amerikas während des Bürgerkrieges. Er und seine „Achtundvierziger" wurden eine Institution in Amerika, weit über ihre Bedeutung während des Bürgerkrieges hinaus.

Millionen deutscher Auswanderer, die in Amerika Freiheit und Frieden suchten und fanden, stärkten sowohl das junge Amerika als auch nachhaltig die deutsch-amerikanischen Beziehungen. Das zunehmend industrialisierte Amerika strebte auch nach den kulturellen, wissenschaftlichen und intellektuellen Errungenschaften, die Deutschland zu bieten hatte. Im Jahr 1903 beispielsweise hatte die neu gegründete American Chamber of Commerce in

Deutschland bereits 100 Mitglieder, die amerikanische Handelskammer in Paris hingegen gerade einmal 20.

Zwei Weltkriege, Faschismus und Fanatismus, eine geteilte Nation und das Wunder der Wiedervereinigung haben sowohl die Rolle der Bundesrepublik Deutschland als auch die der Vereinigten Staaten von Amerika in der Welt verändert. Nach dem Zweiten Weltkrieg übernahm Amerika den Führungsanspruch der Europäer und schuf in der Folge die historische transatlantische Allianz. Und einmal mehr waren auch die USA Nutznießer des nicht abreißenden Stroms deutscher Immigranten. Deutschland profitierte im Gegenzug in nicht minder entscheidendem Ausmaß von der Entschlossenheit der Amerikaner, das Land aufzubauen und zu demokratisieren. Deutschland entwickelte sich zu einer Musterdemokratie und hatte weltweit Modellcharakter.

Die Freudentage der Einheit Deutschlands 1990 markierten das Ende der „alten Zeitrechnung". Die Stabilität des Wiederaufbaus und des Kalten Krieges wichen dem Aufbruch mit all seinen Veränderungen und Unwägbarkeiten. Die Mehrzahl der amerikanischen Truppen, die die enge Bindung der USA an Deutschland in fast 50 Jahren symbolisierten, kehrten nach Hause zurück. Sicherheit und Stabilität der deutschen Wirtschaft wichen unsicheren, bisweilen nachgebenden Weltmärkten, technologischem Fortschritt und einem verschärften globalen Wettbewerb. Sozialen und wirtschaftlichen Strukturen, die vor dem Hintergrund des Wiederaufbaus und des Wirtschaftswunders entstehen konnten, wurde ihre Basis entzogen und damit die Finanzierbarkeit und Funktionalität. Eine Welle der Unsicherheit überrollte Deutschland. Einmal mehr unternahm Deutschland den Versuch, sich vor dem Hintergrund einer veränderten Weltlage zu ändern, nur schien es, als fehle es dieses Mal an Optimismus und Selbst-vertrauen.

Die USA haben eine ähnliche Phase in den 70er Jahren erlebt. Vietnam, Watergate und die Geiselnahme in Iran hatten dem Land seine Energie und seinen Optimismus geraubt. Amerikaner begannen zu zweifeln, ob ihr Gesellschaftsmodell wirklich überlegen war. In jenen Tagen fragten wir uns oft, ob nicht stabile und traditionelle Gesellschaften wie Japan und Deutschland Vorteile auf ihrer Seite hätten. Die vergangenen 20 Jahre haben gezeigt, dass der Optimismus in Amerika zurückgekehrt ist, obwohl die Herausforderungen groß waren und sind. Der 11. September 2001 hat uns in tragischem Ausmaß daran erinnert, dass unsere neue Welt eine Welt der Gefahren und Herausforderungen bleibt.

Wir stehen am Beginn eines neuen Jahrtausends, und Amerika wie Deutschland sehen sich mit Herausforderungen konfrontiert, größer, als sie es vermutlich jemals waren. Um diesen Herausforderungen der Zukunft gerecht zu werden, muss Deutschland seine ganze Erfahrung und seine Fähigkeiten, ein einiges Europa zu initiieren, erkennen und nutzen. Nur so erwächst den Vereinigten Staaten ein starker, ebenbürtiger Partner. Amerika muss im Gegenzug seine Rolle als einzig verbliebene Supermacht in einer nahezu grenzenlosen Welt ebenfalls in Teilen neu definieren. Es gilt, den Herausforderungen des 21. Jahrhunderts gerecht zu werden. Die Macht-gefüge der Vergangenheit, die vor allem auch Sicherheit bedeuteten, werden zunehmend ersetzt durch asymmetrische Kriege und den Aspekt der Nachhaltigkeit der Entwicklungen.

Deutschland und Amerika werden immer stärker zusammenwachsen.

Handel und Wirtschaft gedeihen, und Millionen von Menschen reisen über den Atlantik. Mehr als 30 Prozent des Handels zwischen unseren Ländern findet innerhalb einzelner Unternehmen, den so genannten Global Players, statt, d. h. Unternehmensteile beliefern sich gegenseitig quer über den Atlantik. Die Herausforderungen, die an Deutsche und Amerikaner gestellt werden, sind ebenso gewaltig wie im 19. Jahrhundert. Aber die Gefahr, dass ernsthafte Konflikte daraus entstehen könnten, wurde durch die tiefen Bindungen, die nach dem Zweiten Weltkrieg entstanden sind, gebannt.

Blickt man heute zurück auf die 300 Jahre der deutsch-amerikanischen Freundschaft, muss die Bilanz positiv ausfallen. Aus Teilung wurde Einheit, Konflikte konnten beigelegt werden, und Freundschaft entstand. Der nicht abreißende Strom an Aus- und Einwanderern beider Länder ist eine der größten Errungenschaften der Menschheit.

Ich bin sicher, dass der Atlantik der Binnensee bleiben wird, der an seinen Küsten mit Nordamerika und Europa die freiesten, tolerantesten und glücklichsten Menschen der Erde beherbergt.

John C. Kornblum
Berlin, im Juli 2003

EINLEITUNG

Die amerikanische Geschichte ist eng mit der deutschen Geschichte verwoben. Seit den Anfängen der Besiedlung im 16. Jahrhundert fanden über sieben Millionen Deutsche in den USA eine neue Heimat. Amerikaner deutscher Herkunft bilden noch heute die größte ethnische Gruppe in den USA. 57,9 Millionen US-Bürger gaben bei einer Volkszählung im Jahr 1990 an, deutsche Vorfahren zu haben.

Die Spuren deutscher Auswanderer lassen sich bis in die Gegenwart verfolgen. Wir sprechen heute vom *american way of life* und meinen Ikonen der Massenkultur, die einst auch von deutschen Pionieren geschaffen wurden. Wir reden von Blue Jeans, Micky Maus und McDonalds – doch wissen wir, wie das Hamburger Steak von der Alster an den Hudson River gelangte? Wer die Traumfabrik Hollywood in Gang setzte? Wer in Millionen von Menschen den Wunsch nach blauen Baumwollhosen weckte?

Lange bevor sich das kaiserliche Deutschland auf ein kostspieliges und kurzes koloniales Abenteuer einließ, trieben Neugier und Not Menschen in die Neue Welt. Amerika war oftmals ein Anziehungspunkt für außergewöhnliche Persönlichkeiten. Daher bedient sich dieses Buch der biografischen Erzählung.

Deutlich bevor das Streben nach Glück in die Verfassung der Vereinigten Staaten aufgenommen wurde, ermutigte die Idee vom „pursuit of happiness" Menschen aller Kontinente dazu, ihr Leben mit Mut und Tatkraft in die Hand zu nehmen. Die hier beschriebenen Personen haben darüber hinaus die Geschicke Amerikas entscheidend mitgeprägt. Sie stehen deshalb beispielhaft für ihre Epoche und bilden zusammen ein Panorama deutschamerikanischer Geschichte.

So werden wir Zeugen, wie es dem bibelfesten Juristen Francis D. Pastorius gelang, 1683 die erste deutsche Siedlung in Amerika zu errichten. Der preußische General von Steuben drillte die amerikanische Revolutionsarmee und wurde ihr erster Generalinspekteur. Einmal um den halben Globus begleiten wir den Franken Levi Strauss auf seinem Weg gen Westen und geraten dabei mitten in die Zeit des Goldrausches. Carl Schurz weiht uns in die Hintergründe des amerikanischen Bürgerkrieges ein. Mit dem Bierbrauer Adolphus Busch entdecken wir die Spuren, die deutsche Einwanderer in der Alltagskultur der USA hinterlassen haben. Über den Schwaben Carl Laemmle lernen wir die Anfänge einer der wichtigsten Institutionen Amerikas kennen – Hollywood.

Henry Kissinger und Albert Einstein wurden die bekanntesten Vertreter einer kleinen, aber wichtigen Gruppe deutscher Auswanderer. Sie verkörpern den „Brain Drain", die Flucht kritischer Künstler, Wissenschaftler und Intellektueller aus dem nationalsozialistischen Deutschland. Am Schluss des Buches steht der Aufbruch in neue Welten: das US-Weltraumprogramm des Deutschen Wernher von Braun.

Das Buch würdigt auch jene vielen unbekannt gebliebenen Einwanderer, die als einfache Handwerker und Farmer nach Amerika kamen. Mit Fleiß, Pragmatismus und Opferbereitschaft begründeten sie Tugenden, die bis heute die Gesellschaft der USA prägen.

Die Geschichte der deutschen Auswanderer ist in doppelter Hinsicht einzigartig: zum einen, weil sich die deutschen Aussiedler in sehr kurzer Zeit in die Neue Welt integrierten, zum anderen, weil ihre Migration und deren Folgen bis heute nicht angemessen wahrgenommen wird. In ihrer alten Heimat waren die Auswanderer oftmals so schnell vergessen, wie sie gegangen waren. Nur wenige haben über Generationen den Kontakt in die alte Heimat gehalten. Zudem hinterließen sie wenig, um der Nachwelt die Spurensuche einfacher zu machen. In den USA angekommen, hatten die Siedler andere Sorgen, als ihr Leben für die Nachwelt zu dokumentieren.

Das Buch erhebt nicht den Anspruch historischer Geschlossenheit. Das ist bei der Vielzahl der Einzelschicksale auch gar nicht möglich. Vielmehr soll es dazu anregen, sich auf die Reise zu begeben in eine Welt, von der wir glauben, bereits vieles zu wissen, die aber aus deutsch-amerikanischer Sicht bis heute ein weitgehend unentdeckter Kontinent geblieben ist.

Der Einfluss der deutschen Einwanderer ist bis heute im Leben Amerikas gegenwärtig. In der Außenwahrnehmung der USA spiegelt sich das indes nicht wider. Amerika wird als angelsächsisch geprägte Nation wahrgenommen. Dieses Buch stellt eine provokante These auf: Amerika ist im Kern eine angelsächsisch-deutsche Nation. Dass dies heute nicht mehr deutlich sichtbar ist, hat triftige Gründe.

Nach Ausbruch des Ersten Weltkriegs veranlasste die antideutsche Stimmung zahlreiche Deutsch-Amerikaner, ihre Namen zu amerikanisieren. Schmidt wurde zu Smith, Schwarz zu Black und Neumann zu Newman. Manche Namen ließen sich im Englischen nur schwer aussprechen, so etwa der Name des US-Präsidenten Dwight D. Eisenhower, dessen Vorfahre Hans Nicolas Eisenhauer mehr als 200 Jahre zuvor aus dem Rheinland nach Amerika übergesiedelt war.

Der Nazi-Terror im Zweiten Weltkrieg führte zu einer weiteren, vollständigen Assimilierung der Deutsch-Amerikaner. Heute sprechen nur noch religiöse Minderheiten wie die Hutterer, Amischen oder vereinzelte Mennoniten-Gemeinden ein altertümliches Deutsch – eine nostalgische Fußnote in der langen gemeinsamen Geschichte.

Nach dem Zweiten Weltkrieg hat Amerika Deutschland geholfen, den Weg in die Völkergemeinschaft erneut zu finden. Nicht zuletzt Amerika haben

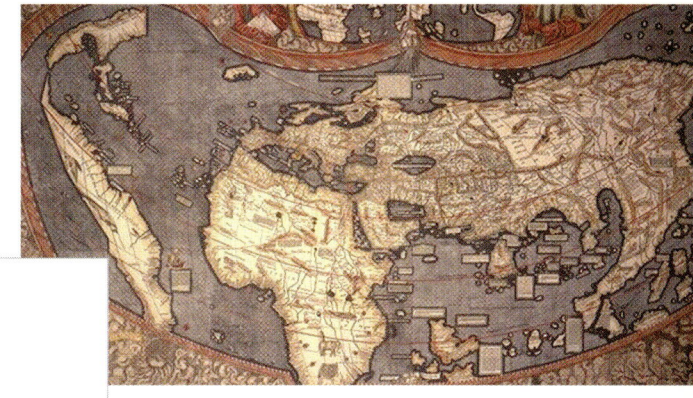

die Deutschen das größte Geschenk des letzten Jahrhunderts zu verdanken –
die Wiedervereinigung. Sie gab den Deutschen etwas, was es laut dem
deutsch-amerikanischen Historiker Fritz Stern in der Geschichte der Völker
eigentlich nicht gibt: die zweite Chance. Im Jahr der Wiedervereinigung
wogte eine Welle der Sympathie für Deutschland durch Amerika. Das veranlasste Helmut Kohl zu der Feststellung, dass jeder zweite Senator in
Washington behaupte, eine deutsche Großmutter zu haben.

Aber auch Amerika ist ohne den Beitrag deutscher Einwanderer nicht
vorstellbar. Die Taten und die Zeugnisse dieser Menschen vermitteln uns ein
besseres Verständnis von Geschichte und Gegenwart der USA.

DIE WALDSEEMÜLLER-KARTE

Im Jahre 1901 machte ein Jesuitenpater in der
Bibliothek auf Schloss Wolfegg in Oberschwaben
eine sensationelle Entdeckung. In der Sammlung
von Landkarten stieß er auf einen vergilbten Bogen
Pergament, der die verschwommenen Umrisse des
amerikanischen Kontinents zeigt und mit dem
Namen Martin Waldseemüller unterzeichnet war.
Wie sich herausstellte, war dies ein einmaliger
Fund, der seit dem 17. Jahrhundert unentdeckt
geblieben war: die Geburtsurkunde Amerikas.

Ein Jahrhundert später, im Sommer 2001, kauft die
amerikanische Library of Congress das Dokument
des Grafen Waldburg-Wolfegg für einen
Millionenbetrag. Die Vereinigten Staaten zählen –
nach Unabhängigkeitserklärung und Verfassung –
nun auch jenes Original zu ihren Schätzen, das ihr
Land zum ersten Mal erwähnt.

Den Namen Amerika verdankt die Neue Welt
zweifellos einem historischen Missverständnis. Der
deutsche Kartograf Waldseemüller hielt Anfang
des 16. Jahrhunderts an der verbreiteten Überzeu-
gung fest, Christoph Kolumbus habe nicht
Amerika, sondern unbekannte Teile Asiens
entdeckt.

Für den Freiburger war es der Florentiner Amerigo
Vespucci, der als Erster vor den Küsten Amerikas
aufkreuzte. Folglich taufte er das Land auf den
Namen Amerika.

Glaube, Flucht und Hoffnung

Seefahrt zur Zeit von Pastorius

FRANCIS DANIEL PASTORIUS
UND DIE
GRÜNDUNG VON GERMANTOWN

„Itur in antiquam silvam. Es ist alles nur ein Wald!"
Francis Daniel Pastorius 1684

Die ersten deutschen Einwanderer erreichten im Oktober 1683 nach einer gefährlichen und entbehrungsreichen Reise über den Atlantik endlich das Land, in dem sie siedeln wollten. Amerika! Die Strapazen der Seereise waren überstanden, doch die Herausforderungen, die vor den Siedlern lagen, waren enorm. Denn wenngleich der Anblick der bunten Laubfärbung des *Indian Summer* ein prachtvolles Naturschauspiel bot, erschwerten die vielen Bäume den Siedlern den Anfang ganz erheblich. „Es ist alles nur ein Wald", schrieb Francis Daniel Pastorius in die Heimat und drückte damit aus, wie hart es war, der Wildnis Amerikas eine Existenz abzuringen. Noch bevor der Winter einbrach, mussten die Siedler ein Dach über dem Kopf haben. Selbst verglichen mit einem Leben im vom Dreißigjährigen Krieg verwüsteten Deutschland war dies eine schwere Aufgabe.

Mit einer heute kaum noch vorstellbaren Flexibilität und Leidensfähigkeit machten sich die Siedler ans Werk. Die Mehrzahl waren Glaubensflüchtlinge protestantischer Sekten wie etwa der Mennoniten. Francis Daniel Pastorius bot diesen Menschen eine Alternative – Auswandern nach Amerika. Er führte die erste Gruppe an und wies damit für viele verfolgte Religionsgemeinschaften den Weg gen Westen.

Am 24. Oktober 1683 gründete Pastorius gemeinsam mit 13 Krefelder Familien die Stadt Germantown im Staat Pennsylvania. Jeder Familie wurde per Los eine Hofstelle zugeteilt. Niemand ahnte damals, dass die ärmlichen

Holzhütten, die dort entstanden, die erste dauerhafte deutsche Ansiedlung in Amerika begründeten: In der Folgezeit zogen Tausende diesen ersten Siedlern nach. Germantown wurde während der nächsten hundert Jahre für die Deutschen das Tor zur Neuen Welt. Heute ist die Stadt ein Vorort von Philadelphia.

Für seinen Mut und seine Leistung wird Pastorius in Amerika in ehrwürdigem Gedenken gehalten. Im Kapitol von Pennsylvania ist er auf einem imposanten Deckengemälde mit den Größen seiner Zeit verewigt. Neben Benjamin Franklin, Thomas Paine und William Penn wacht er über die Arbeit der Abgeordneten. Auch der Deckenfries zur amerikanischen Geschichte im Kapitol in Washington zeigt ihn neben William Penn.

Die Ankunft der „Condor" in der Delaware-Bucht wird heute offiziell als Beginn der deutschen Besiedlung Amerikas angesehen. Unter Präsident Reagan wurde der 6. Oktober zum „German American Day" erklärt und im ganzen Land mit Gedenkveranstaltungen gefeiert.

Geboren wurde Francis Daniel Pastorius am 26. September 1651 im fränkischen Weinort Sommerhausen. Sein Vater war ein frommer Mann, der nach dem Dreißigjährigen Krieg zum Protestantismus übertrat, um, wie er sagte, „der römischen Kirche Missbräuche abgeschworen zu haben". Er war dem Grafen Schenck zu Limpurg in Sommerhausen empfohlen worden und ließ sich dort als Jurist nieder. Der Graf zu Limpurg war evangelisch, und es lag nahe, dass Pastorius sich seiner Konfession anschloss. Nicht zuletzt deshalb war das gräfliche Haus der Familie Pastorius sehr gewogen.

Pastorius' Familie gehörte zu einer kleinen Schicht von Akademikern. Am nächsten waren ihrem Stand Pfarrer oder Ärzte. Gleichwohl hatte die Familie immer wieder Kontakt zur Welt des Adels. Adlige Höfe waren für Juristen die wichtigsten und oftmals die einzigen Arbeitgeber. An der Welt

*1

Von Francis Daniel Pastorius ist zu seinen Lebzeiten kein Porträt überliefert. Dieses Relief entstand etwa hundert Jahre nach seinem Tod.

Das Geburtshaus von Pastorius in Sommerhausen, Franken

Pastorius' erstes Haus in Amerika

des Adels nahm man teil, gehörte aber nicht dazu. Das trug zur Ausbildung eines eigenen Selbstbewusstseins bei. Später entwickelte sich bei Francis Daniel Pastorius daraus eine tiefe Verachtung für die moralische Verkommenheit des Adels.

Nach Stand und Ausbildung hatte der junge Francis Daniel eine viel versprechende Zukunft in Deutschland vor sich. Das Ende des Dreißigjährigen Krieges (1618–1648) lag mehr als 15 Jahre zurück. Das Land erholte sich allmählich von den Brandschatzungen und Plünderungen der marodierenden Heere. Die äußeren politischen und wirtschaftlichen Umstände ließen keinen Grund erkennen, warum Pastorius diese Welt verließ und sie gegen eine ungewisse Zukunft in einem wilden und unkultivierten Land eintauschte.

Vielleicht war es der frühe Tod der Mutter, der Francis Daniel Pastorius nicht zur Ruhe kommen ließ. Über die familiären Verhältnisse können wir nur Vermutungen anstellen, zu dünn und unpersönlich sind die auf unsere Zeit überkommenen Quellen. Aufschlussreich ist ein Blick ins Stammbuch der Familie. Es zeichnet ein verworrenes Bild der damaligen Familienverhältnisse. Aber auch das war nicht ungewöhnlich – während des Dreißigjährigen Krieges war im deutschen Reich so manches aus den Fugen geraten.

Pastorius' Vater hatte eine 17 Jahre ältere Frau geheiratet, die bereits zwei Ehen hinter sich hatte und aus diesen Verbindungen zwei Kinder mitbrachte. Sie starb früh und ließ den kleinen Francis Daniel im Alter von fünf Jahren allein zurück. Der Vater tröstete sich schnell und heiratete die 33 Jahre alte Eva Gelchsheimer. Für damalige Verhältnisse war dies ebenfalls ein reifes Alter. Während der Ehe wurden drei Kinder geboren, die allesamt früh verstarben.

Eine ruhige und behütete Kindheit hat der kleine Francis Daniel Pastorius

nicht erlebt. Vielleicht lag hier der Grund für seine tiefe Religiosität und die
düsteren Vorahnungen, die ihn zeitlebens plagten. In seinen Briefen aus
Amerika findet sich immer wieder der Hinweis auf ein kommendes
Strafgericht Gottes. Zum Teil war das den Erlebnissen des Krieges zuzu-
schreiben, die auch in seiner Generation noch lebendig waren. Es passte aber
auch in die allgemeine Schicksalsergebenheit der damaligen Zeit, da in jedem
Moment mit dem Jüngsten Gericht gerechnet wurde.

Francis Daniel nahm zunächst ein Jurastudium auf, das ihn über Straßburg,
Altdorf und Jena führte. Nach erfolgreichem Abschluss ließ er sich als
Anwalt in Windsheim nieder. An der Juristerei hatte er jedoch wenig Freude.
Es wurde ihm schon nach zwei Jahren zu eng in dem beschaulichen
Städtchen. Innere Unrast trieb ihn zu neuen Ufern. Durch den Kontakt zum
Windsheimer Pfarrer Heinrich Horb gelangte Pastorius in den pietistischen
Kreis um den evangelischen Theologen Philipp Jacob Spener in Frankfurt.
Eine entscheidende Wende im Leben des jungen Mannes bahnte sich an.

Um Spener und seinen Anhängern näher zu sein, zog Pastorius 1679 nach
Frankfurt am Main. Die Gruppe traf sich regelmäßig im Frankfurter Saalhof
– was ihr die Bezeichnung Saalhof-Pietisten eintrug. Pietist, zu Deutsch
Frömmler, war ursprünglich ein Schimpfwort. Es richtete sich zunächst
gegen die Männer um Spener, wurde aber schnell zu einem Sammelbegriff
für eine Bewegung, die sich bewusst gegen die Verkrustungen in der evange-
lisch-lutherischen Amtskirche stellte. Das Studium der Bibel, das aktive
Handeln des Einzelnen und seine spirituelle Erfahrung waren für diese
Erweckungsbewegung bestimmend. Spener vermisste bei seinen Kollegen
die nötige Glaubenstiefe und beklagte den unfrommen Lebenswandel des
Kirchenvolks. Obwohl er ursprünglich nur beabsichtigt hatte, die evangeli-
sche Kirche zu erneuern, brachte er sie gegen sich auf.

Viele Überzeugungen der pietistischen Bewegung fanden sich auch bei den

NEW HARMONY IN PENNSYLVANIA

*Pastorius ebnete vielen deutschen Glaubensflüchtlingen
den Weg nach Amerika.
Sie gründeten eigene Siedlungen wie New Harmony,
das auf die Herrnhuter Brüdergemeinde zurückgeht.*

WILLIAM PENN Für die wegen ihres Glaubens verfolgten Quäker wurde William Penn zum Hoffnungsträger. Der englische Aristokrat war selber zum Quäkertum konvertiert und zeitweise inhaftiert, weil er sich öffentlich zu der verbotenen Religion bekannte. 1682 übertrug ihm der englische König Charles II. Land in Nordamerika. Einer nicht belegten Geschichte zufolge fühlte sich der König Penns Vater verpflichtet, der ein erfolgreicher Admiral in der englischen Marine gewesen war.

Die großzügige Landzuteilung an seinen Sohn sollte Schulden des Königs bei der Familie Penn tilgen. Die neue Kolonie taufte Penn auf den Namen Pennsylvanien – zu Deutsch: „Penns Wälder". Schnell machte sich der Aristokrat daran, neue Siedler für seine menschenleere Kolonie anzuwerben. Mit seinem „Heiligen Experiment" wollte er einen neuen, idealen Staat schaffen. Freiheit, Toleranz und Gleichheit sollten das Gemeinwesen prägen. Zunächst rekrutierte er unter den Quäker-Gemeinden in England neue Siedler. Dann führten ihn seine Missionsreisen nach Holland und Deutschland. Mit regelrechten Werbekampagnen versuchte er, Siedler vom Leben in der neuen Kolonie zu überzeugen. Wer wegen seiner Religion verfolgt wurde, sollte in Pennsylvanien eine neue Heimat finden. Menschen aller Konfessionen und Nationalitäten siedelten sich in den folgenden Jahren in seiner Kolonie an. 1682 gründete Penn Philadelphia. Der aus dem Griechischen entlehnte Name bedeutet übersetzt „brüderliche Liebe". Die heutige Millionenstadt am Ufer des Delaware bestand damals nur aus zwei Straßen und wenigen Häusern.

englischen Quäkern wieder. Es überrascht daher nicht, dass der englische Aristokrat und Quäker William Penn bei seinen Reisen durch Europa auf den Frankfurter Kreis stieß. Ihm war vom englischen König Charles II. Land in Nordamerika geschenkt worden, für das er nun um Siedler warb. Er ließ eigens Flugblätter drucken, um wegen ihrer Religion verfolgte Menschen anzuwerben. Auf Englisch, Deutsch und Holländisch erschien eine der ersten Beschreibungen von Pennsylvanien unter dem umständlichen Titel: „Eine Nachricht wegen der Landschaft Pennsylvanien in Amerika: welche jüngsten unter dem Großen Siegel in Enggelland an William Penn sambt den Freiheiten und der Macht so zu gehörigen guten Regierung dersellben nötig, übergeben worden".

Penn konnte einige wohlhabende Bürger aus dem Kreis der Frankfurter Pietisten davon überzeugen, in seiner neuen Kolonie Land zu kaufen. Sie gründeten daraufhin die Frankfurter Compagnie, in der sie ihre Interessen bündelten. Die Gesellschaft verfolgte sowohl wirtschaftliche als auch religiöse Zwecke. Einige aus dem Kreis trugen sich, wie die Quäker um Penn, mit dem Gedanken, in der Neuen Welt ein „ruhiges, gottseliges und ehrbares Leben" zu führen. Keiner der Käufer setzte aber jemals einen Fuß auf amerikanischen Boden. Die Alte Welt blieb für diese Menschen trotz aller Widrigkeiten attraktiver. Um die Investitionen und das Engagement zu rechtfertigen, brauchten sie einen Agenten, der sich um den Neuerwerb kümmerte. Jung und ungebunden sollte er sein, vertrauenswürdig und gebildet. Die Wahl fiel auf Pastorius.

Für Pastorius ging mit der Berufung zum Agenten der Frankfurter Compagnie eine unruhige und unstete Phase in seinem Leben zu Ende. Nachdem der Achtundzwanzigjährige 1679 in Frankfurt angekommen war, schlug er sich mehr schlecht als recht durch. Seinen Lebensunterhalt verdiente er als Nachhilfelehrer für Jurastudenten und mit Vertretungen an

Gerichten. Eine feste Anstellung hatte er nicht. Als er die Gelegenheit bekam, den jungen Adligen Johannes Bonaventura von Bodeneck auf seiner Kavalierstour durch Europa zu begleiten, willigte er sofort ein. Die zweijährige Reise führte zu den Hauptstädten der Alten Welt. Mit von Bodeneck bereiste er Holland, England, Frankreich und die Schweiz. Von seiner Reise kehrte er mit gemischten Gefühlen zurück. In Cambridge und Gent war er Menschen begegnet, die seinem pietistischen Ideal entsprachen. Doch vor allem in Frankreich befremdeten ihn Leute, die „ihr Leben und ihre Energie mit Dingen wie Tanzen, Fechten und Feiern vergeuden". Die übertriebene Vergnügungssucht der Studenten bestärkte ihn in dem Beschluss, seinem Leben eine andere Wendung zu geben.

Als er im November 1682 wieder in Frankfurt eintraf, kam ihm das Angebot seiner Freunde wie gerufen. Um dem Unternehmen zum Erfolg zu verhelfen, galt es nun, mutige und entschlossene Menschen zum Auswandern zu bewegen. Menschen gab es auch drei Jahrzehnte nach dem Ende des Dreißigjährigen Krieg nicht eben im Überfluss; immer noch waren ganze Landstriche entvölkert. In Krefeld wurde die Frankfurter Gesellschaft schließlich fündig. 13 Familien, die sich zu der evangelischen Sekte der Mennoniten bekannten, sahen in der Ankündigung von William Penn den einzigen Weg, um ein freies Leben im Glauben zu führen.

Im Frühjahr machte sich die kleine Reisegruppe rheinabwärts auf den Weg nach Rotterdam. Von dort ging es weiter nach England. In der Hafenstadt Deal schifften sich die Familien auf der „Condor" ein. Im 17. Jahrhundert war es während einer zehnwöchigen Überfahrt keine Seltenheit, dass Menschen an Krankheiten wie Skorbut oder Fieber starben. Trockenes Brot, fauliges Wasser und mit Maden durchsetztes gepökeltes Fleisch waren die gängige Verpflegung an Bord. Wer genug Geld hatte, nahm Hühner oder eine Kuh mit unter Deck, um sich mit frischer Milch und Eiern zu versorgen. Die

William Penn war von Anfang an auf ein friedliches Zusammenleben mit den Indianern aus. Er schloss mit ihnen einen Vertrag, der als „Penns Treaty" in die Geschichte eingegangen ist.

Überfahrt der Deutschen stand unter einem guten Stern. In einem Brief lesen wir, dass die Schiffsreise von London nach Philadelphia ruhig und ohne Verluste verlief. Es wurden sogar zwei gesunde Kinder geboren. Am 6. Oktober 1683 erreichte die Gruppe die Delaware-Bucht – die Besiedlung Amerikas durch Deutsche hatte begonnen.

Pastorius war den Krefeldern auf einem anderen Schiff vorausgeeilt. Seinen peniblen Aufzeichnungen verdanken wir das detaillierte Bild einer damaligen Atlantik-Überfahrt. Bevor das Schiff am 10. Juni 1683 in See stach, schrieb er seinen Eltern noch einen Abschiedsbrief. Ganz wohl war ihm nicht bei dem Unterfangen: Er klagt über seine Angst vor dem möglichen Tod auf hoher See. Aber auch vor dem bevorstehenden Gottesurteil, das der Ungezügeltheit der Sitten in Europa ein Ende bereiten würde, warnte er die Zurückgebliebenen.

Pastorius' Überfahrt verlief nicht so reibungslos wie die der Krefelder. Zweimal brach der vordere Mast. Ein Sturm warf Pastorius so gegen die Planken, dass er mehrere Tage lang bettlägerig war. Seekrankheit gehörte zum Alltag an Bord. Besonders heikel wurde die Situation, als ein Walfisch das Schiff mehrmals „anschlägt und alles zum Zittern bringt". Und als ob all dies nicht genug gewesen wäre, berichtet er von einem Bootsmann, der während der Überfahrt schlichtweg verrückt wurde. Glücklicherweise starb trotz aller Widrigkeiten keiner der Passagiere.

Die Erleichterung war groß, als am 16. August der amerikanische Kontinent am Horizont auftauchte. Die „America" erreichte am 18. August New Castle in der Delaware-Bucht und zwei Tage später endlich Philadelphia. Pastorius wurde von William Penn freundlich empfangen und war bald regelmäßiger Gast in dessen Haus. William Penn suchte seinerseits das Gespräch mit dem aufgeschlossenen Deutschen. Gemeinsam unternahmen sie Ausritte in die Umgebung. Stolz berichtet Pastorius, dass ihn Penn einmal in der Blockhütte

mille deux cent hommes sous le G.ᵃˡ La Fayette étoit entouré par l'Armée angloise les G.ᵃᵘˣ Howe, Clinton et Gram le 28 May 1778

a Position du détachement sur la hauteur de Barren hill, a 11 miles de Philadelphie, et 12 miles du ... de Walley forges, sur la rive droite du Schuylill, et ou étoit l'armée américaine.

b Piquets avancés qui se sont retirés a l'approche de l'ennemi.

c Compagnie franche du capitaine M. Clean augmentée de 50 sauvages

e Porte ou la milice avoit ordre de se rendre, ce quelle n'executa pas

f Marche du major Général Gram a la tête des grenadiers et chasseurs et de deux brigades en tout huit mille hommes avec 15 pieces de canon

... en donner le premier avis
... a les Cimetieres qui se disposent
... sur le second avis file le long du chemin
... aller gagner ce que
... ter le G.ᵃˡ Grant
... d'un corps de Grenadiers et chasseurs
... rompue quelquefois, mais toujours en
... Matzon's ou le détachement passe
... en bataille sur les hauteurs O en
... corps a Swed forde

p Route de Rich Road par laquelle les G.ᵗˢ Howe et Clinton s'avan...
... le reste de l'armée

q Point de jonction des G.ᵗˢ Howe qui voyant qu'ils ont manqué ne jugent pas a propos de pa... que des Matzons et ramenent angloise a Philadelphie

N Route du gué que suivit le déta... américain après le di... gué lorsque il alla reprendre position a Ba...

---

besuchte, die ihm als erste Behausung diente. Penn beschreibt Pastorius als einen nüchternen, aufrechten, weisen und frommen Mann, der überall geachtet war und einen einwandfreien Ruf hatte.

Als die Krefelder Siedler in der Neuen Welt ankamen, bauten sie zunächst in Windeseile einfache Hütten und Erdhöhlen, um den ersten Winter zu überstehen. Pastorius, der Paris, London und Amsterdam gesehen hatte, brach beim Anblick der kleinen Siedlung Philadelphia nicht gerade in Begeisterungsstürme aus. Seine juristische Ausbildung half ihm in den ersten Jahren nicht viel weiter. Handwerkliche Fähigkeiten waren in den Pioniertagen Amerikas gefragt. Späteren Siedlern empfahl er deshalb, ein richtiges Handwerk zu erlernen, bevor sie in die Neue Welt kommen würden. So waren es hauptsächlich Bauern und Handwerker, die in den nächsten hundert Jahren die Hauptgruppe der Einwanderer stellten. Pastorius war in Amerikas Anfängen eine Ausnahmeerscheinung.

In harter Arbeit rangen die Siedler dem Urwald Ackerfläche und Weideland ab. In den ersten Jahren war das Leben armselig und primitiv. Pastorius selber nannte Germantown spöttisch „Armentown". Doch ganz allmählich wurde die kleine Kolonie zu einem florierenden Gemeinwesen. Die Weber begannen Flachs anzubauen und verkauften schon bald Stoffe und Garne. Auf Betreiben von Pastorius legten sie sogar Weinberge an. Diese Erwerbsquellen wurden im ersten Stadtsiegel von „Germanopolitum" verewigt.

Zu der ersten Siedlung Germantown kamen bald neue Ansiedlungen. Kriesheim, das später Mount Airy heißt, sowie Sommerhausen und Krefeldt (der spätere Stadtteil Chestnut Hill) bilden die „German Township".

Francis Daniel Pastorius zog in ein neues, schöneres Haus um, und ihm gelang, wovon er immer geträumt hatte: Er führte ein beschauliches und anständiges Leben. Im Alter von 37 Jahren heiratete er Anna Klostermann. Die dreißig Jahre alte Braut entstammte einer wohlhabenden Arztfamilie aus

25

Das Stadtwappen von Germantown zeigt die drei Haupterwerbszweige der kleinen Siedlung: die Weberei, den Anbau von Flachs und Wein. Für Letzteren hatte sich Pastorius besonders eingesetzt.

Mit den Indianern unterhielten die deutschen Siedler freundschaftliche Kontakte. Die grausamen Kämpfe zwischen den amerikanischen Ureinwohnern und den Siedlern brachen erst ein Jahrhundert später aus.

Mühlheim. Sie bekamen zwei Söhne, Johann Samuel und Heinrich, die am Anfang einer weit verzweigten Familie standen. Bis heute besuchen ihre Nachkommen regelmäßig das Geburtshaus ihres Stammvaters in Franken. Pastorius blieb bis zu seinem Tod um 1719/20 die gestaltende Kraft der neuen Gemeinde. Als Bürgermeister, Stadtschreiber und Friedensrichter trug er wesentlich zum Aufbau eines funktionierenden Gemeinwesens bei. Zuletzt leitete er die Quäkerschulen in Philadelphia und Germantown. Daneben verfasste er zahlreiche Schriften, so ein Buch über Botanik, ein Lehrbuch der englischen Sprache und ein Universalkompendium, das er den Bienenkorb nannte. In den Sprachen Englisch, Deutsch und Holländisch hinterließ er der Nachwelt Gedichte, Lebensweisheiten und Anekdoten zur allgemeinen Erbauung.

Es ist ein großer Verdienst von Pastorius, dass er uns so zahlreiche Schriften über seine Erlebnisse in der Neuen Welt hinterlassen hat. In den Briefen an seine Eltern in Deutschland berichtet er über seinen Gemütszustand, und in den Beschreibungen, die er an die Frankfurter Landkompagnie schickt, finden wir genaue Schilderungen der bescheidenen Anfänge der Kolonie Pennsylvanien. Gerade für Amerikaner sind die in deutscher Sprache verfassten Werke wie etwa die „Sichere Nachricht aus Amerika wegen der Landschaft Pennsylvania von einem dorthin gereisten Teutschen" aus dem Jahre 1683 von unschätzbarem Wert. Viele dieser ersten Zeugnisse deutscher Siedler lagern heute im Archiv der German Historic Society of Pennsylvania. Ein einmaliger Fundus amerikanischer Geschichte in deutscher Sprache.

1709 wurden alle deutschen Einwanderer – damals 150 Personen – englische Staatsbürger. Die erste deutsche Ansiedlung war ein kleiner Vorposten. Die Deutschen spielten in dieser Zeit keine Rolle. Auch in den folgenden Jahren blieb der Zuzug aus Deutschland gering. Das Jahrhundert der deutschen Masseneinwanderung in die USA brach erst 200 Jahre später an.

Der erste schriftliche Protest gegen die Sklaverei

Germantown – Pennsylvania, 18. April 1688. Auf die erste deutsche Gemeinde um Pastorius geht der erste schriftliche Protest gegen die Sklaverei in den USA zurück. Lange Zeit war auch in Amerika in Vergessenheit geraten, was sich in den frühen Anfängen der Kolonialzeit abgespielt hatte. Erst 1844 tauchte das historische Dokument wieder aus den Archiven der Quäkergemeinde auf.

Die Mission der Unterzeichner war heikel. Einige Quäker hielten selbst schwarze Sklaven. Konflikte waren programmiert. Für Francis Daniel Pastorius konnte es in dieser Frage keine Kompromisse geben. Nur von seinem Gewissen geleitet, war er die treibende Kraft des Unterfangens.

Doch mit einem Schriftstück allein war die Sklaverei nicht aus der Welt zu schaffen. Zwar wurde der Protest der Regierung in Philadelphia unterbreitet und von ihr zur Kenntnis genommen, blieb aber ohne Konsequenzen für die Sklavenhalter. Es sollte noch fast 200 Jahre dauern, bis in den USA die Sklaverei verboten wurde. Vor allem in den südlichen Kolonien konnten die großen Plantagen nicht ohne die billigen Arbeitskräfte bewirtschaftet werden. Die kleineren Farmen der deutschen Siedler hatten dieses Problem nicht.

Die meisten Menschen der damaligen Zeit sahen in der Sklaverei kein Unrecht. In den menschenleeren Gebieten Nordamerikas wurde jede Arbeitskraft benötigt. Die Holländer hatten im frühen 17. Jahrhundert damit begonnen, Sklaven nach Amerika zu bringen. Unter den Seefahrernationen der Spanier, Engländer, Portugiesen und Holländer hatte sich bereits seit dem 16. Jahrhundert ein gut funktionierender „Dreieckshandel" etabliert. Die Sklavenschiffe luden ihre menschliche Fracht an der westafrikanischen Küste ein. Dort waren die Unglücklichen von ihren eigenen

Sonderbriefmarke der USA zum dreihundertjährigen Jahrestag der ersten deutschen Siedler in Amerika.

GOTTESDIENST IN EINER
QUÄKER-GEMEINDE

Obwohl die Sklaverei gegen die Glaubensgrund-
sätze der Quäker verstieß, hielten viele von
ihnen Sklaven.

Für den Deutschen Francis Daniel Pastorius war
dies ein unerträglicher Zustand. Zusammen mit
anderen Glaubensbrüdern verfasste er einen
glühenden Protest gegen die Sklavenhalter:
„… was könnte uns schlimmeres widerfahren, als
wenn man uns als Sklaven in fremde Länder
verkaufen würde und Männer von Ihren Frauen
und Kindern trennen würde?"

Der Protest wurde in der jährlichen Quäker-
versammlung zwar zur Kenntnis genommen, blieb
aber ohne Konsequenzen.

Landsleuten im Hinterland gefangen worden. In gefängnisartigen Massen-
unterkünften vegetierten sie dahin, bis sie unter den grausamsten Umständen
in die Zuckerplantagen auf den westindischen Inseln gebracht wurden. Ein
gutes Geschäft für die Beteiligten, ein Abenteuer mit oftmals tödlichem
Ausgang für die Afrikaner. Von vier Afrikanern, die ein Sklavenschiff bestie-
gen, erreichte nur einer lebend das Ziel.

Selbst der preußische Kurfürst träumte von dem großen Reichtum, den
ihm der Sklavenhandel einbringen sollte. An der Küste Ghanas ließ er
Handelsmissionen errichten, die einzig dem Handel mit Sklaven dienten.
Noch heute erinnert die erhaltene Festung Groß Friedrichsburg in Ghana an
das brutale Werk der Kolonialherren. Kein Ruhmesblatt für Preußens
Gloria.

Vor diesem Hintergrund ist der Protest ein Meilenstein in der amerikanischen Geschichte. Noch in der Unabhängigkeitserklärung der USA suchen
wir vergeblich nach dem Verbot, andere Menschen wie Tiere zu behandeln.
Der Streit um die Sklaverei sollte weiterschwelen, bis er im amerikanischen
Bürgerkrieg offen ausbrach und die Nation auseinander riss. Neben vielen
anderen war es wieder ein Einwanderer aus Deutschland, der sich mit aller
Vehemenz für ein Verbot einsetzte – Carl Schurz.

Die ersten Deutschen bei Jamestown

Die Ankunft der „Condor" in der Delaware-Bucht wird heute offiziell als der
Beginn der deutschen Besiedlung Amerikas gefeiert. So schön es ist, einen
festen Anhaltspunkt in den unübersichtlichen Anfängen der amerikanischen
Geschichte zu haben, so falsch ist diese Festlegung angesichts der Quellenlage.

Schon vor der Ankunft der Krefelder gab es zahlreiche deutsche Siedler in Nordamerika. So hatte man schon vor Pastorius Nachrichten aus Nordamerika erhalten. 1633 erschien in Frankfurt eine Publikation, die für die Kolonie Neu Schweden am Delaware um neue Siedler in Amerika warb. Die Werbeschrift war die erste dieser Art in Deutschland. Es ist anzunehmen, dass auch Pastorius den Reisebericht kannte und sich bei seinen Vorbereitungen darauf stützte.

Von Pastorius selbst wissen wir, dass er bei seiner Ankunft im Jahre 1683 auf eine ganze Reihe Deutscher traf, die nach seinen eigenen Angaben bereits seit über 20 Jahren in den amerikanischen Kolonien siedelten:

„… unter solchen etliche Hochdeutsche sind, die bereits 20 Jahr dies Land bewohnt und sich gleichsam naturalisiert nemlich Schlesier, Brandenburger, Holsteiner, Schweitzer auch einen Nürnberger Nahmens Jan Jaquet.“

Nachweisbar ist, dass schon in den frühen Anfängen Amerikas Deutsche als Handwerker, Bergleute, Bauern und einfache Arbeiter nach Amerika kamen. In der Regel wurden sie von den englischen Kolonialgesellschaften angeworben. In den Berichten der Kolonialgesellschaften tauchen sie allenfalls am Rande auf. Ausführliche schriftliche Zeugnisse von ihnen, wie wir sie etwa von Pastorius kennen, fehlen völlig.

Als Captain John Smith 1607 die erste dauerhafte englische Kolonie in Amerika gründete, waren auch acht Deutsche unter den ersten Siedlern: fünf Glasmacher, die nicht namentlich genannt wurden, und drei Zimmerleute, die mit den Namen Franz, Adam und Samuel in den Listen der Kolonialgesellschaft vermerkt waren. Der Versuch, eine englische Niederlassung zu gründen und sie zum wirtschaftlichen Erfolg zu führen, endete im Desaster. Die Kolonie konnte sich zwar halten, aber der Preis, den man dafür zahlte, war hoch. Fast alle der etwa 500 Siedler verhungerten oder starben in den ersten Jahren. Auch die deutschen Glasmacher überlebten das Experiment

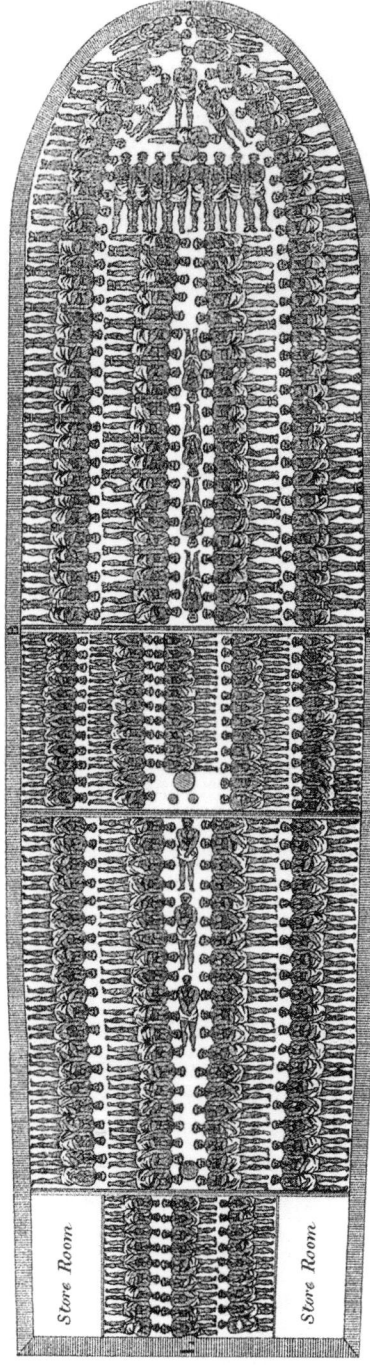

DAS INNERE EINES SKLAVEN-SCHIFFS *Für die menschliche Fracht wurde jeder Zentimeter Stauraum ausgenutzt. Nur einer von vier Sklaven überlebte die Höllenfahrt. In der neuen Welt angekommen, wurden die Sklaven wie Vieh auf den Plantagen der Kolonialherren eingesetzt.*

Eine NACHRICHT wegen der Landschaft PENNSILVANIA in AMERICA: Welche Jüngstens unter dem Grossen Siegel in ENGELLAND an William Penn, &c. Sambt den Freyheiten und der Macht/ so zu behöriger guten Regierung derselben nötig/ übergeben worden/ und Zum Unterricht derer/ so etwan bereits bewogen/ oder noch möchten bewogen werden/ ümb sich selbsten darhin zu begeben/ oder einige Bediente und Gesinde an diesen Ort zu senden/ hiermit kund gethan wird. Aus dem in London gedrucktem und aldar bey Benjamin Clarck, Buchhändlern in George-Yard Lombard-street befindlichem Englischen übergesetzet. Nebenst beygefügtem ehmaligem im 1675. Jahr gedrucktem Schreiben des obenrehnten Will. Penns.

In Amsterdam/ gedruckt bey Christoff Cunraden, Im Jahr 1681.

BERICHTE WIE DIE VON WILLIAM PENN zogen weitere Siedler und Abenteurer in die Neue Welt. Bevor Pennsylvanien deutsche Siedler in Scharen anzog, waren Jamestown in Virginia und New York ein Siedlungsschwerpunkt für deutsche Einwanderer.

In Virginia waren deutsche Siedler erfolgreich im Tabakgeschäft. Einige vesuchten sich im Weinanbau. Der Arzt Georg Hacke aus Köln war eine Größe im Tabakgeschäft und gehörte zu den gebildetsten Männern in der Kolonie. Der Hamburger Forscher Johannes Lederer kam 1668 nach Viriginia und erkundete die schwer zugänglichen Peidmont und Blue Ridge Mountains. In seinen „Entdeckungen" hat er den ersten Bericht dieser Region überhaupt verfasst. In der damaligen holländischen Kolonie Neu Amsterdam waren bis 1683 etwa ein Viertel der Einwohner Deutsche.

nicht. Ursprünglich waren sie angeworben worden, um möglichst schnell renditeträchtige Exportartikel herzustellen. Man braucht nicht viel Phantasie, um sich vorstellen zu können, wie deplaziert diese hoch qualifizierten Handwerker in der Wildnis Nordamerikas waren. Archäologische Ausgrabungen haben gezeigt, dass sie es trotz Hunger und Kälte schafften, eine kleine Glashütte zu betreiben. Eine beachtliche Leistung, wenn man sich vergegenwärtigt, dass es sicherlich dringlichere Aufgaben gegeben haben wird, als Glas herzustellen.

Captain Smith war vom Ehrgeiz zerfressen und führte als Gouverneur ein brutales Regiment. Nachdem er anfangs in gutem Einvernehmen mit den Indianern gelebt hatte, kam es sehr bald zu Auseinandersetzungen. Um überleben zu können, hatten die Engländer mit den Indianern Waren gegen Lebensmittel getauscht. Als der Hunger der Engländer immer größer wurde und die Vorräte der Indianer zusammenschrumpften, fasste Smith den Entschluss, den Indianerhäuptling zu töten, um so an die dringend benötigten Nahrungsmittel zu gelangen. Um sich den Häuptling der Indianer gewogener zu machen, stellte Smith die drei deutschen Zimmerleute ab, damit sie dem Häuptling ein europäisches Haus nach seinen Wünschen bauten. Der Plan, den Häuptling zu töten, scheiterte, weil die Indianer vorgewarnt und gut bewaffnet waren. In seinem Tagebuch beschuldigte Captain Smith die deutschen Zimmerleute, mit den Indianern kollaboriert zu haben. Während der ruchlose Captain nach England zurückkehrte, wo er wegen zahlreicher Verbrechen angeklagt wurde, ermordeten die Indianer die angeblichen Verräter.

Das koloniale Vorhaben in Jamestown wurde erst durch den Siedler John Rolfe zum wirtschaftlichen Erfolg. Auf ihn ging die Idee zurück, in Virginia Tabak anzupflanzen. Mit John Rolfe gelangte erstmals auch eine Indianerin zu trauriger Berühmtheit – Pocahontas, die Tochter des Indianerhäuptlings

Powhatan. Sie trat zum Christentum über und heiratete John Rolfe. Bei einem Besuch in England war sie die gesellschaftliche Attraktion. Unter großem Aufsehen wurde sie wie ein exotisches Tier von einem Empfang zum nächsten geschleppt. Auf dem Rückweg aus England erkrankte sie so schwer, dass sie starb, bevor sie ihre Heimat wiedersah.

Neben Jamestown war New York eine der ersten europäischen Siedlungen in Nordamerika. Zur Legende geworden ist der Kauf von New York, des damaligen Neu Amsterdam. Für viele New Yorker gehört das Geschäft, das am Anfang ihrer Geschichte stand, zu den Lieblingsgeschichten, die sie über ihre Stadt erzählen. Für umgerechnet 24 Dollar soll Peter Minuit 1626 Manhattan von den Indianern erworben haben. Minuit, der erste Gouverneur der holländischen Westindischen Handelskompanie, wurde 1580 in Wesel am Rhein geboren. 1621 trat er in den Dienst der Westindischen Handelskompanie. Er scheint die anfänglichen Probleme nicht in den Griff bekommen zu haben; jedenfalls wurde er 1631 von dem Friesen Peter Stuyvesant abgelöst, der ein hartes Regiment einführte. Minuit war nicht der erste Deutsche in New York. 13 Jahre vor ihm hatte Hendrick Christiansen aus Kleve damit begonnen, die erste Siedlung auf dem Gebiet des heutigen Manhattan zu errichten. Nichts ließ damals erahnen, dass aus der primitiven Ansiedlung einmal die Metropole des 20. Jahrhunderts werden sollte. Einfache Holzhütten, die von schwarzen Sklaven und Sträflingen bevölkert wurden, bestimmten das Bild. Zusätzlich sorgten Scharmützel mit den örtlichen Indianern für permanente Unruhe.

Nachdem Minuit als Gouverneur der holländischen Westindischen Handelskompanie abgesetzt worden war, kehrte er nach Europa zurück und machte sich an die Gründung der nächsten Kolonie – Neu Schweden. Da er nun einige Erfahrung im Gründen von Kolonien aufweisen konnte, gewann er schnell Investoren aus Schweden und Deutschland für das Vorhaben.

POCAHONTAS, *Tochter des Indianerhäuptlings Powhatan.*

PETER MINUIT MIT INDIANERN

Zur Legende geworden ist der Landkauf von
Manhattan. Für umgerechnet 24 Dollar soll Peter
Minuit im Jahr 1626 Manhattan von den Indianern
eingetauscht haben. Der Rheinländer Minuit war
als erster Gouverneur der holländischen
Westindische Handelskompanie 1621 nach
Amerika geschickt worden.

1664 wurde aus der holländischen Kolonie Neu
Amsterdam die englische Kronkolonie New York.
Der Frankfurter Jakob Leisler wurde 1689 zum
Gouverneur von New York ernannt, nachdem das
Volk gegen den englischen Statthalter rebelliert
hatte. Als die Engländer die Hoheit wieder zurück-
erlangt hatten, wurde Leisler wegen Hochverrat
und Rebellion zum Tode verurteilt. Später wurde er
rehabilitiert. Leisler kam als Söldner der holländischen Westindischen Handelskompanie nach Neu
Amsterdam, wo er es zu Ansehen und Reichtum
brachte. Ihm gebührt das Verdienst, den ersten
Kongress der englischen Kolonien einberufen zu
haben, um die britischen Besitzungen besser
gegen einen bevorstehenden Angriff der Franzosen
verteidigen zu können.

Schweden war damals eine europäische Großmacht, die weite Teile Nord-
deutschlands kontrollierte. Lediglich eine Kolonie fehlte, um das imperiale
Glück zu vervollständigen. Noch einmal trat Peter Minuit als erster
Gouverneur einer kolonialen Unternehmung in Erscheinung. 1638 kam er
bei einem Sturm vor den Westindischen Inseln ums Leben, und der
pommersche Aristokrat Johannes Printz von Buchau folgte ihm auf dem
Gouverneursposten nach. Der dritte und letzte Gouverneur, Johann Rinsing,
kam aus dem ostpreußischen Elbing. Unter ihm wurden etwa hundert
Familien aus Deutschland in der Kolonie angesiedelt. Vieles spricht dafür,
dass es sich bei diesen Familien um die erste permanente deutsche Ansiedlung in Amerika handelte. Der schwedischen Kolonie in Amerika war kein
langes Leben vergönnt. Schon kurz nach ihrer Gründung 1638 wurde sie von
den Holländern erobert, die wiederum 1664 von den Engländern mit
Waffengewalt aus Amerika verdrängt wurden.

Glaubensflüchtlinge

Die protestantischen Sekten der Quäker, Amischen, Hutterer und Mennoniten wurden in Europa im Zeitalter der Reformation wegen ihres Glaubens
verfolgt. Zwar hatte der Augsburger Religionsfrieden im Jahre 1555 das
Zeitalter der Glaubensspaltung zunächst mit einem Kompromiss beendet,
dem zufolge die Religion der Landesherren für die Bevölkerung maßgebend
war: „Cuius regio, eius religio". Doch da sich kein Landesherr zu einer protestantischen Sekte bekannte oder bereit war, sie zu tolerieren, brachte diese
Regelung für Glaubensgemeinschaften wie die der Mennoniten und Quäker
überhaupt keine Verbesserung. Ihnen blieb nur die Flucht in tolerantere
Länder.

SALZBURGER PROTESTANTEN AUF DER FLUCHT *Der katholische Erzbischof von Salzburg, Leopold, hatte 1731 alle Protestanten des Landes verwiesen. Etwa 20 000 Menschen mussten innerhalb von acht Tagen ihr Haus räumen. Der größte Teil der Glaubensflüchtlinge fand in Ostpreußen Zuflucht. Ein andere Gruppe wurde von der „Georgia Land Company" im gleichnamigen US-Bundesstaat angesiedelt. Die Salzburger hatten einen hervorragenden Ruf als Handwerker und Landwirte. In den entvölkerten Weiten Nordamerikas und Ostpreußens waren sie hochwillkommen.*

Die englischen Quäker glaubten an die direkte Beziehung des Einzelnen zu Gott. Klerus und Amtskirche lehnten sie ab. Das eigene Gewissen und die spirituelle Eingebung waren für sie moralisch bindend. Gottesdienste hielten sie in stiller Versammlung ab, unterbrochen nur von spontanen Bekundungen spiritueller Erfahrungen. Priester waren für diese Form des Gebets nicht notwendig. Vor allem ihre Kritik an der englischen Staatskirche machte die Quäker dem englischen König verdächtig.

In Deutschland waren es die Mennoniten, die ähnliche Vorstellungen wie die englischen Quäker hatten und deshalb Schwierigkeiten bekamen. Vielen Mennoniten waren die Reformatoren Luther und Zwingli nicht weit genug gegangen. Die lutherische Kirche war ihnen noch mit zu viel Pomp behaftet. Nur das Alte und das Neue Testament akzeptierten sie als ihren Leitfaden. Was nicht in der Bibel stand, lehnten sie ab. Dazu gehörte die Kindstaufe, für die es nach ihrer Auffassung keine biblische Begründung gab. Die Bergpredigt war für die Glaubensgemeinschaft von zentraler Bedeutung, Gewaltverzicht und die Weigerung, Eide zu schwören, waren die logische Konsequenz. Die Mennoniten wollten von keiner weltlichen Macht bestimmt werden und schon gar nicht von einer Amtskirche, die sich zu weit von der Bibel entfernt hatte. Das machte sie zu unzuverlässigen Landeskindern. Denn wer eine andere Religion als der Landesherr hatte, entzog sich seiner Gewalt. Anders als heute übten die Kirchen damals sowohl weltliche wie geistliche Aufgaben aus. Wer sich der kirchlichen Aufsicht entzog, war also gleichzeitig der staatlichen Ordnung entglitten.

Hervorgegangen waren die Mennoniten aus der Täuferbewegung des 16. Jahrhunderts. Sie nannten sich nach dem Friesen Menno Simons, der in Holland für die Ansichten der Glaubensgemeinschaft geworben hatte.

Aus der Täuferbewegung ging neben den Mennoniten eine Reihe anderer protestantischer Glaubensgemeinschaften hervor. Bei aller Gemeinsamkeit

HINRICHTUNG VON MENNONITEN IN HOLLAND *Amerika bot im 17. Jahrhundert vor allem verfolgten Glaubensgemeinschaften Zuflucht. Neben den Mennoniten und Quäkern fand eine Vielzahl kleiner Bekenntnisse in Amerika Schutz vor religiöser Verfolgung. Tunker, Schwenkfelder, Hutterer, Amische, aber auch Lutheraner und Katholiken flohen vor religiöser Verfolgung im alten Europa.*

entwickelten sie vollkommen unterschiedliche Ausprägungen. Die Böhmischen Brüder waren eher biblizistisch geprägt, die Hutterer gütergemeinschaftlich. Andernorts gab es spiritualistisch oder sogar gewalttätig ausgerichtete Gemeinden. Jakob Amman war der Anführer einer besonders konservativen Gruppe. Aus seinen Anhängern gingen die Amische hervor, die bis heute ihre archaische Lebensweise beibehalten haben.

Die Amische

Die Amische sind eine besonders eigenwillige protestantische Gemeinde, die aus der Täuferbewegung hervorgegangen ist und sich 1683 von den Mennoniten getrennt hatte. Ironischerweise hat sie ihre Flucht vor der Welt in Amerika zur Touristenattraktion gemacht. Über fünf Millionen Besucher kommen jedes Jahr ins Lancaster County nach Pennsylvania, um das Leben dieser Menschen zu bestaunen. Auf die Besucher aus den nahen Metropolen New York und Philadelphia üben die Nachfolger Jakob Ammans eine besondere Faszination aus. Die Begegnung wirkt wie ein Kulturschock für die konsumgeplagten Amerikaner. Eitelkeit, Geldgier, Neid und der Götzendienst an Produkten der Konsumgesellschaft sind den Amischen ein Grundübel. Modischer Firlefanz ist Eitelkeit, und Eitelkeit ist unchristlich. Für Kleidung und Haarschnitt gelten feste Regeln, die für alle verbindlich sind.

Besonders konservative Amische-Gemeinden lehnen jeglichen technischen Fortschritt ab. Autos, Fernsehen, Waschmaschinen und elektrischer Strom sind tabu. Jeder Bereich des täglichen Lebens wird durch den christlichen Glauben bestimmt. Die Bibel ist Maßstab und Gesetz. Was sich nicht durch die Bibel rechtfertigen lässt, hat in der Welt der Amischen keinen Platz. Die

GOTTESDIENST IN EINER GEMEINDE DER BÖHMISCHEN BRÜDER *Die verschiedenen Glaubensgemeinschaften hatten eigene und von der katholischen Liturgie abweichende Riten entwickelt. Quäker hielten ihre Gottesdienste in stummen Versammlungen ab. Die Amische halten sich bis heute an einen aus dem 16. Jahrhundert überlieferten Ritus.*

Amische missionieren nicht – sie wollen unter sich bleiben. Trotzdem wachsen die Gemeinden stetig. Bis zu zehn Kinder pro Familie sind keine Seltenheit. Alle Amische stammen von wenigen Einwanderern ab, die im 18. Jahrhundert nach Amerika kamen. Inzucht ist der Preis, der für die Abgeschiedenheit von der Welt gezahlt wird.

Die Kontakte mit den „Engländern" beschränken sich auf das Nötigste. Die „Engländer", das ist der Rest der Welt. Der Begriff stammt noch aus der Kolonialzeit, als die Engländer das Land beherrschten. Dass sie inzwischen Amerikaner sind, spiegelt sich in der archaischen Sprache der Amischen indes nicht wider. Bis heute sprechen sie das pennsylvanische Deutsch der Pfälzer Bauern. Nur die Gottesdienste werden auf Hochdeutsch gehalten. Dazu nutzt die Gemeinde ein Gesangbuch, den so genannten „Ausbund", der sich seit dem 15. Jahrhundert nicht mehr geändert hat. Die Seiten haben keine Noten – die Melodien werden mündlich von Generation zu Generation weitergegeben. Die Kinder besuchen bis zum elften Lebensjahr die Schule. Außer dem unablässigen Studium der Bibel ist kein Studium im Leben der Amischen vorgesehen. Den Eltern sagt man eine liebevolle, aber strenge Erziehungsmethode nach – immer getreu den Regeln ihrer jahrhundertealten Bibelübersetzung.

Wer sich nicht an die strengen Regeln der Sekte halten will, wird gemieden oder kann gehen. Erstaunlich wenig Amische entscheiden sich jedoch für ein Leben unter den „Engländern", denn dazu müssten sie mit der Familie und ihrem bisherigen Leben brechen.

DIE SIEDLUNG BETHLEHEM IN PENNSYLVANIEN *wurde 1741 von den Herrnhuter Brüdern erichtet. Herrnhuter – oder Moravier, wie sie in Amerika genannt wurden – missionierten vor allem unter den Indianern mit großem Erfolg.*

PETER ZENGER UND SEIN KAMPF FÜR DIE PRESSEFREIHEIT

Zenger kam mit den Pfälzer Auswanderern nach Amerika. Er gründete seine eigene Zeitung, in der er die Missstände im kolonialen New York schonungslos aufdeckte. Der englische Gouverneur William Cosby versuchte, die kritische Berichterstattung durch Zenger zu unterbinden, und leitete ein Strafverfahren gegen ihn ein. Als Zenger sich nicht beugen wollte, wurde er inhaftiert und die Auflage seiner „New York Gazette" verbrannt. Zenger wurde der Prozess gemacht, den die Geschworenen mit einem Freispruch beendeten. Der Fall gilt als Präzedenzfall für die Pressefreiheit in Amerika.

Die „Pfälzer Bauernlümmel"

Neben den vielen Glaubensflüchtlingen, die während des 17. und 18. Jahrhunderts in Amerika ein besseres Leben suchten, kamen auch Menschen, die vor der ausweglosen wirtschaftlichen Lage in ihrer Heimat flohen. Besonders verarmte Bauern aus der Pfalz bildeten eine für damalige Verhältnisse große Einwanderergruppe.

Diese wurde keineswegs nur freudestrahlend in Amerika aufgenommen. Benjamin Franklin, der unter anderen mit Thomas Jefferson und John Adams die Unabhängigkeitserklärung der USA unterzeichnet hatte, beschwerte sich 1751 ungehalten über die deutschen Einwanderer: „Warum sollen wir leiden, dass die Pfälzer Bauernlümmel sich in unsere Ansiedelungen drängen und, indem sie in Rudeln zusammenwohnen, ihre Sprache und Sitten befestigen zum Verderben der Unsrigen. Warum soll Pennsylvanien, das von Englischen begründet wurde, eine Kolonie von Fremdlingen werden, die bald so zahlreich sind, dass sie uns germanisieren, anstatt dass wir sie englisieren, und die ja so wenig unsere Sprache und Gebräuche annehmen, wie sie unsere Hautfarbe erlangen können?"

Franklin machte die Bemerkung zu einem Zeitpunkt, da Pennsylvania bereits zur Hauptanlaufstelle für Auswanderer aus Deutschland geworden war. Die Angst vor Überfremdung schien begründet. Immerhin waren 1751 zwei Drittel von Pennsylvania mit Deutschen besiedelt. Besonders im östlichen Teil des Landes lebten diese manchmal vollkommen unter sich.

Dabei hatte Franklin nichts gegen die Deutschen an sich. Der Gelehrte war schon 1766 nach Deutschland gereist, wo er unter anderem einer Einladung der Universität Göttingen folgte. Er schätzte den wissenschaftlichen Austausch mit deutschen Gelehrten seiner Zeit.

Dennoch sorgte er sich um das ethnische Gleichgewicht in den Kolonien.

Vielleicht war er aber auch nur verärgert, dass die „Pfälzer Bauernlümmel"
seine Zeitung nicht lesen wollten. Die „Philadelphische Staatszeitung"
musste schon nach zwei Ausgaben wieder eingestellt werden. Die erste deutsche Zeitung in Amerika war eine Übersetzung seiner englischen
„Philadelphia Gazette".

Trotz der starken Zuwanderung aus Deutschland blieben die amerikanischen Kolonien ganz überwiegend britisch geprägt. Allerdings hatten sich
zwischen den einzelnen englischen Kolonien starke regionale Unterschiede
gebildet. In den nördlichen „Neu-England-Staaten" hatten die Puritaner ihre
kulturelle Eigenart bewahrt. Die ersten von ihnen waren 1620 mit der
„Mayflower" gelandet. Es herrschte eine streng calvinistische Ausrichtung.
Die „Neu-England"-Kolonien – New Hampshire, Massachusetts, Rhode
Island und Conneeticut – waren in ihrer Bevölkerungsstruktur äußerst
homogen. In diesem Klima, das gegenüber anderen Glaubensrichtungen
nicht eben tolerant war, konnten Siedler anderer Nationen nicht oder nur
schwer Fuß fassen. Haupterwerbszweige waren Fischfang und Landwirtschaft. Sparsamkeit, Einfachheit, Fleiß und ein gottesfürchtiges Leben
bestimmten jeden Aspekt des täglichen Lebens. Im krassen Gegensatz dazu
standen die südlichen Kolonien: Virginia und die beiden Carolinas. Hier
beherrschte die so genannte Pflanzeraristokratie das Bild. Weitläufige
Plantagen, die von schwarzen Sklaven bewirtschaftet wurden, formten soziale Strukturen, die von denen des Nordens grundverschieden waren. Am weltoffensten präsentierten sich die mittleren Kolonien. Insbesondere in
Pennsylvanien hatten sich Menschen verschiedenster Glaubensrichtungen
und Nationalitäten eingefunden. Eine bäuerliche Landwirtschaft war hier in
voller Blüte. Nirgendwo in Amerika soll es schönere Bauernhöfe gegeben
haben als im fruchtbaren Pennsylvanien.

Die Massenemigration aus der Pfalz begann 1709. Damals war die Gegend

„PENNSYLVANIA DUTCH LADY" *Die Deutschen im kolonialen Amerika wurden allgemein als „Dutch" für Deutsch bezeichnet. Das führte zu dem weit verbreiteten Irrtum, bei den deutschen Einwanderen handele es sich um Holländer. Tatsächlich war das Wort Deutsch für englische Zungen nur schwer auszusprechen.*

wiederholt von französischen Armeen verwüstet worden. Ganze Städte und Dörfer wurden dabei ausgelöscht. Bis heute zeugt die Ruine des Heidelberger Schlosses von den verheerenden Zerstörungen dieser Zeit. Zudem hatte ein harter Winter auf den Weinbau und die Landwirtschaft katastrophale Auswirkungen. Hunger und Not waren das Schicksal der einfachen Menschen. Amerika bot in dieser verzweifelten Situation Aussicht auf ein besseres Leben. Es waren unter anderem die Beschreibungen von Pastorius, die bei den leidgeprüften Menschen in der Alten Welt neue Hoffnung weckten. Auch die Werbeschriften von William Penn waren bereits weit verbreitet. Sie beflügelten die Phantasie der Menschen bis ins Grenzenlose.

Die Entbehrungen auf dem Weg in die neue Heimat waren zahlreich und hart. Viele Pfälzer hatten nicht einmal das Geld für die Überfahrt nach Amerika. Findige Geschäftsleute entwickelten eine abgewandelte Form der Sklaverei: Um das Geld für die Überfahrt bezahlen zu können, verpflichteten sich mittellose Auswanderer dazu, den Betrag bei einem Dienstherrn in Amerika abzuarbeiten. Bei ihrer Ankunft in Amerika wurden sie vom Kapitän des Schiffes wie Leibeigene an den meistbietenden Dienstherrn verkauft. Nach etwa vier Jahren waren sie wieder frei. Ein hoher Preis für eine kostenlose Überfahrt. Teilweise wurden die armen Teufel so schlecht behandelt, dass selbst die Sklaven auf den Plantagen des Südens Mitleid mit ihnen hatten.

Die oft menschenverachtenden Bedingungen der Überfahrt nahm der pfälzische Kurfürst Johann Wilhelm zum Anlass, die Auswanderung in die „so genannte Insel Pennsylvaniam" zu verbieten. Allerdings war die von ihm bekundete Fürsorgepflicht nicht der eigentliche Grund für diese drastische Maßnahme. Vielmehr trieb ihn die berechtigte Sorge, zu viele wertvolle Arbeitskräfte zu verlieren. Menschen waren der kostbarste Rohstoff, den ein

Land in der vorindustriellen Zeit hatte. Doch das Verbot blieb wirkungslos. Ob legal oder illegal – die Pfälzer schifften sich zu Tausenden nach Rotterdam ein. Von dort ging es zumeist direkt nach Philadelphia. Über 100 000 Menschen verließen in der ersten Hälfte des 17. Jahrhunderts ihre deutsche Heimat. Berühmte Amerikaner wie Elvis Presley (Pressler) oder der Autobauer Walter Chrysler (Kreissler) stammten von ihnen ab.

In Amerika entwickelten die Pfälzer Einwanderer eine eigenständige bäuerliche Kultur. Bauernmöbel, Geschirr und Gebrauchsgegenstände mit naiven Motiven kann man heute in den zahlreichen Museen Pennsylvaniens bestaunen. Ihre Farmen wurden schnell zu vorbildlichen Betrieben. Fleiß, Sparsamkeit und Ordnung waren Tugenden, die man ihnen nachsagte. Unter irischen und englischen Farmern war es weit verbreitet, die Farm zu wechseln, wenn sich eine vermeintlich bessere Gelegenheit ergab. Das trug ihnen schnell den Ruf der Ruhelosigkeit ein. Die Gier nach mehr endete in nicht wenigen Fällen mit dem Verlust allen Besitzes. Die „Pfälzer Bauernlümmel" waren dagegen sesshaft. Sie kultivierten das Land und prägten das Bild des ländlichen Amerika.

Eine akademische Hochkultur entwickelten sie freilich nicht. Dennoch geht eine ganze Reihe kultureller Premieren auf das Konto deutscher Einwanderer dieser Epoche. So wurde die erste Bibel in Amerika 1743 von Christoph Sauer in deutscher Sprache gedruckt. Das Papier stammte vermutlich aus der ersten Papierfabrik Nordamerikas, die Wilhelm Rittenhausen (William Rittinhouse) 1688 gegründet hatte. Um 1748 war die deutschsprachige Bevölkerung so stark angewachsen, dass Sauer erfolgreich eine deutschsprachige Zeitung etablieren konnte. Die „Germantowner Zeitung" hatte schon bald eine Auflage von 4000 Exemplaren – für damalige Verhältnisse ein Massenblatt.

Bei den vielen Einwanderern wurde das Land in Küstennähe bald knapp. Die

DEUTSCHE VOLKSKUNST IN PENNSYLVANIEN Die deutschen Siedler entwickelten eine eigene volkstümliche Kunst. Tauf- und Heiratsurkunden sowie mit ländlichen Motiven bemalte Bauernmöbel können noch heute in den zahlreichen Museen in Pennsylvanien betrachtet werden.

◀ (No. II.) ▶

Philadelphiſche
ZEITUNG.

SONNABEND, den 24 Jun. 1732.

DEUTSCHE ZEITUNGEN IN AMERIKA Christoph Sauer etablierte 1748 seine „Germantowner Zeitung", die in der rasch anwachsenden deutschen Gemeinde reißenden Absatz fand. Sauer druckte auch die erste Bibel in Amerika, in deutscher Sprache. Joseph Crellius war der Gründer der zweiten deutschen Zeitung in Amerika, die unter dem Titel „Das Hochdeutsche Pennsylvania Journal" veröffentlicht wurde. Und schließlich gründete Henry Miller, der mit dem Führer der Herrnhuter Brudergemeinde, dem Grafen Zinzendorf, nach Amerika gekommen war, im Jahr 1762 den „Wöchentlichen Philadelphischen Staatsboten".

BENJAMIN FRANKLIN hingegen musste die 1732 erschienene deutsche Ausgabe seiner „Philadelphia Gazette" schon nach zwei Ausgabe wieder einstellen.

Pfälzer mussten in das Hinterland ausweichen – die so genannten Backwoods. Der stetige Zuzug immer neuer Menschen zwang die Siedler immer näher an die Grenze zu den Indianergebieten. In den ersten Jahren gestaltete sich das Zusammenleben meist friedlich. Doch dann wurden auch die Pfälzer Siedler in kriegerische Auseinandersetzungen verwickelt, vor denen sie einst geflohen waren. Im österreichischen Erbfolgekrieg (1740–1748) und im Siebenjährigen Krieg (1756–1763) kämpften England und Frankreich um die Vorherrschaft auf den Weltmeeren und in den amerikanischen Kolonien. Engländer und Franzosen bedienten sich dabei einer besonders heimtückischen Taktik. Sie machten sich Indianerstämme zu ihren jeweiligen Verbündeten. Die aufgewiegelten Indianer mordeten und brandschatzten. Dabei wurden auch die deutschen Siedler nicht verschont.

Doch für die deutschen Auswanderer waren die Kriege nur ein grausames Zwischenspiel. Immer weiter nach Westen dehnten sich die Siedlungen aus. Von Pennsylvania strömten die Deutschen in die menschenleeren Weiten der Mitte Amerikas. So viele Deutsche siedelten dort, dass man bald von einem deutschen Dreieck sprach. Es erstreckte sich zwischen den Städten St. Louis, Cincinnati und Milwaukee.

Die vielen namenlos gebliebenen deutschen Bauern übten einen großen Einfluss auf die Gesellschaft Amerikas aus. Die oft zitierten „Heartland Values", also die Werte, die Amerikas Rückgrat bilden, wurden erheblich von den deutschen Siedlern im Herzen der USA geformt. Fleiß, harte Arbeit, Bodenständigkeit, Pragmatismus, Verankerung im Glauben, starke und intakte Familienbande sind es, worauf Amerika auch und gerade in schwierigen Zeiten setzt. Für Historiker bilden diese Werte den wichtigsten, wenn auch am wenigsten wahrgenommenen Beitrag deutscher Einwanderer für die Kultur der USA.

Der Mainzer Adelsverein

Pastorius hatte mit der Gründung von Germantown ein Beispiel für viele Nachahmer gegeben, die ebenfalls versuchten, eine rein deutsche Ansiedlung zu gründen. Alle späteren Versuche dieser Art waren jedoch wenig erfolgreich. Am nächsten kamen die Pläne des Mainzer Adelsvereins diesem Ziel. Viele der reichsunmittelbaren Fürsten beobachteten mit Sorge, wie aus ihren Ländern ganze Dörfer geschlossen in die Neue Welt auswanderten. Vor allem in der hessischen Heimat des Grafen Solms war dies keine Seltenheit. Um die von Hunger und Überbevölkerung geplagten Untertanen nicht tatenlos ziehen zu lassen, fasste der Mainzer Adelsverein den kühnen Entschluss, eine eigene Kolonie zu gründen. Wenn die Menschen schon zum Auswandern entschlossen waren, dann sollten sie zumindest in die eigene Kolonie gehen. So gingen sie als Untertanen der Herrschaft nicht gänzlich verloren, und obendrein versprachen sie gute Geschäfte. Nach dem Motto „Reisende soll man nicht aufhalten" konnten interessierte Neubürger für 120 Dollar ein Stück Land in der Kolonie des Adelsvereins erwerben.

Texas schien den Landesherren ein ideales Ziel für die kolonialen Pläne. Das Land gehörte nicht zu den USA und war zudem 1836 eine von Mexiko unabhängige Republik geworden. Eine rein deutsche Kolonie in den USA zu gründen wäre in der Mitte des 19. Jahrhunderts nicht mehr durchsetzbar gewesen. Die junge Republik Texas hingegen brauchte dringend Einwanderer. 1835 lebten nur etwa 20 000 Siedler und 4000 Sklaven in dem Land. Die Regierung vergab daher Siedlungsrechte an Einwanderungsagenten. Oftmals waren diese Personen dubiose Gesellen. Von einem solchen Agenten erwarb auch der Mainzer Adelsverein sein Land. Als die Adligen die Unterschrift unter den Vertrag setzten, ahnten sie nicht, dass Indianer weite Teile des Gebietes unsicher machten.

CARL GRAF ZU SOLMS-BRAUNSFELS
leitete die erste Expedition in die Kolonie des deutschen Adelsvereins. Er gründete die Stadt Neu Braunfels, die er nach dem Sitz seiner Familie in Hessen benannte. Obwohl der Versuch des deutschen Adelsvereins, eine eigene Kolonie in Texas zu gründen, scheiterte, siedelten in den folgenden Jahren viele Deutsche in Texas.

HOFFMANN
VON FALLERSLEBEN,
der Dichter des „Lieds der Deutschen".
Er schrieb auch das Lied „Stern von
Texas", in dem er den Freiheitskampf
der Texaner gegen die Mexikaner pries.

Graf Solms wurde 1844 als erster Gouverneur in die neue Kolonie entsandt. Er landete mit den ersten Siedlern in der texanischen Hafenstadt Galvestown vor Houston und gründete New Braunfels, benannt nach seiner mittelalterlichen Burg in Hessen. Solms' Pläne waren nicht unbescheiden: „Nicht nur die Augen Deutschlands, nein, ganz Europa soll auf dieses Vorhaben schauen"; und weiter: „neuen Glanz und Reichtum solle es den alten Kronen bringen". Was großspurig begann, endete im Fiasko. Indianerüberfälle, mangelnder Nachschub und schlechte Organisation ließen das Unternehmen beinahe scheitern.

Allen Schwierigkeiten zum Trotz nahm die Adelsgesellschaft einen neuen Anlauf und löste ihren erfolglosen ersten Gouverneur ab. Der Vorsitzende des Vereins, Graf Castel, entsandte den Freiherrn von Meusebach nach Texas. Meusebach war, wie viele seiner Zeitgenossen, einer wahren Texas-Begeisterung erlegen. Ihm gelang es schließlich, erfolgreich Siedler ins Land zu bringen und auch dort zu halten. Er schloss ein Abkommen mit dem Stamm der Komantschen und etablierte ein funktionierendes Gemeinwesen. Auch er gründete eine Stadt: Fredricksburg in Texas verdankt ihm seine Entstehung.

Texas wurde in Deutschland zunächst durch ein Buch bekannt. Der 1841 erschienene Roman „Das Kajütenbuch" von Charles Sealsfield weckte bei den Lesern ebenfalls spontane Begeisterung. Auch der Mainzer Adelsverein hatte sich in seinem Vorhaben von Charles Sealsfield inspirieren lassen. Sealsfield, der aus Mähren stammte und mit bürgerlichem Namen Karl Anton Postl hieß, war, was man heute einen Bestsellerautor nennt. Wer in Deutschland und Österreich lesen konnte, verschlang Sealsfields aufregende Schilderungen von der Neuen Welt.

Der Freiheitskampf der Texaner hatte bei vielen Menschen in Deutschland die Phantasien beflügelt. Viele Reformer und Revolutionäre sahen im Kampf der Texaner gegen Mexiko eine Parallele zu ihrer eigenen hoffnungslosen Situation. In Deutschland tobte der Kampf gegen die restaurativen Bemühungen der Ära Metternich. Man forderte demokratische Rechte und eine freiheitliche Verfassung. Kein Geringerer als Hoffmann von Fallersleben, der den Text zum „Lied der Deutschen" geschrieben hat, verfasste eine Reihe schwärmerischer Gedichte über Texas. In „Der Stern von Texas" heißt es etwa:

Hin nach Texas! hin nach Texas!
Wo der Stern im blauen Felde
Eine neue Welt verkündet,
Jedes Herz für Recht und Freiheit
Und für Wahrheit froh entzündet
Dahin sehnt mein Herz sich ganz.

Auch der Adelsverein wollte sich Fallerslebens Begeisterung für Texas zu Nutze machen. Ein Angebot, als werbewirksames Aushängeschild für den Verein nach Texas zu übersiedeln, schlug der rebellische Poet allerdings aus. Als Texas im Jahr 1846 zu einem Bundesstaat der USA geworden war, endeten die Aktivitäten der deutschen Standesherren. Die imperialen Träume des Adelsvereins ließen sich unter diesen neuen Vorzeichen nicht mehr realisieren, und der Verein wurde aufgelöst.

Die deutsche Sprache in Amerika

Noch im 19. Jahrhundert war die deutsche Sprache in den USA weit verbreitet, wurde jedoch nie zur offiziellen Landessprache. Einer beliebten Legende zufolge wäre es jedoch beinahe dazu gekommen.

FREIHERR VON
MEUSEBACH
*brachte mit Erfolg deutsche
Siedler nach Texas.*

HERBERT HOOVER

Angeblich beantragten Abgeordnete des ersten oder dritten Kongresses der USA, Deutsch zur Amtssprache zu machen. Einer anderen Version zufolge sollen Abgeordnete des Parlaments von Pennsylvania dieses Ansinnen vorgebracht haben. Beiden Varianten ist gemeinsam, dass jeweils nur eine Stimme zum Erfolg gefehlt haben soll. Im Zentrum der Legende steht der Deutsch-Amerikaner Friedrich August Mühlenberg, dessen entscheidende Stimme das Begehren zu Fall gebracht haben soll. Er war ein Sohn des Pastors Heinrich Melchior Mühlenberg, der die erste lutherische Synode in Amerika begründete.

Wahr ist lediglich, dass Mühlenberg jun. Sprecher des ersten und des dritten Kongresses war. Belegt ist auch, dass er als Präsident der Assembly von Pennsylvania fungierte. In den Parlamentsakten finden sich aber keine Anhaltspunkte dafür, dass es jemals zu einer Stimmengleichheit bei einer Abstimmung über die Wahl der Landessprache kam.

Auf jeden Fall hat die deutsche Sprache im Amerikanischen bleibende Spuren hinterlassen. Viele Worte sind aus dem Sprachgebrauch nicht mehr wegzudenken: Kindergarten etwa, angst, kitsch, zigzag (Zickzack), wunderkind und mishmash (Mischmasch), um nur einige Beispiele zu nennen. Die Liste lässt sich noch um solche Begriffe erweitern, die anglisiert wurden, wie etwa dumb (dumm).

Erst durch den Ersten Weltkrieg wurde das Ansehen der Deutschen und damit ihrer Sprache nachhaltig geschwächt. Mit dem Eintritt der USA in den Weltkrieg am 6. April 1917 machte sich eine antideutsche Haltung breit. Es fiel schwer, die loyalen Deutsch-Amerikaner vom Kriegsgegner „Deutsches Reich" zu unterscheiden. Den traurigen Höhepunkt erreichte diese Stimmung durch den Lynchmord an dem deutschen Bergarbeiter Robert Prager in Illinois. Der aufgehetzte Mob hatte Prager vor seiner Haustür aufgelauert und ihn gezwungen, die amerikanische Flagge zu küssen sowie die Nationalhymne zu singen. Anschließend wurde er gehängt.

In diesem Klima zogen es viele Deutsch-Amerikaner vor, ihren Namen zu amerikanisieren. So wurde Schmidt zu Smith, Schwartz zu Black, Neumann zu Newman und Weißkopf zu Whitehead. Aber auch deutsche Städte- und Ortsnamen wurden von der Landkarte verbannt. So wurde aus Berlin in Iowa die Stadt Lincoln.

Manche Namen ließen sich zudem im Englischen schwer aussprechen. So zum Beispiel der Name des US-Präsidenten Dwight D. Eisenhower, dessen Vorfahre Hans Nicholas Eisenhauer 1741 aus dem Rheinland nach Amerika gekommen war. Ebenso erging es dem Namen des Präsidenten Herbert Hoover, dem ursprünglich der Name Huber zugrunde lag.

Dennoch haben sich einige deutsche Sprachinseln bis heute erhalten. So finden sich in den Weiten Nebraskas und Missouris noch vereinzelt Gemeinden, in denen Plattdeutsch gesprochen wird. Nachkommen von Einwanderern aus Schleswig-Holstein und Oldenburg haben sich die Umgangssprache ihrer Vorfahren erhalten und „schnacken und klönen" gern in geselliger Runde. Allerdings haben sich in den plattdeutschen Dialekt viele Anglizismen eingeschlichen. Bei den regelmäßigen Treffen mit den Vettern und Cousinen aus Deutschland kommt es daher auch auf Platt manchmal zu Verständigungsschwierigkeiten.

Am weitesten verbreitet ist die deutsche Sprache heute in den Religionsgemeinschaften der Mennoniten, Hutterer und Amischen, wo sie neben dem Englischen aktive Gebrauchssprache geblieben ist. Unter den besonders fortschrittsresistenten Glaubensgemeinschaften, wie den Amischen und Old-Order-Mennoniten, hat sich sogar die Bauernsprache der Pfälzer Einwanderer erhalten.

Herbert Hoover (links) und DWIGHT D. EISENHOWER *Die beiden US-Präsidenten stammten von deutschen Einwanderern ab. Eisenhowers Familie wanderte 1741 in die USA ein. In Amerika wurden die Namen amerikanisiert. Aus Eisenhauer wurde Eisenhower und der Name Huber liess sich als Hoover besser aussprechen.*

SÖLDNER, KAMPF UND
UNABHÄNGIGKEIT

General Friedrich Wilhelm von Steuben und die hessischen Söldner

„Ich übergebe Ihnen das Kommando."
Generalmajor Green 1780 zu Steuben

Im amerikanischen Unabhängigkeitskrieg kämpften fast 30 000 deutsche Soldaten als Söldner auf Seiten der britischen Kolonialherren. Sie stellten damit nahezu die Hälfte der englischen Truppen. Nach dem Krieg kehrten nur etwa 17 000 der Männer wieder in ihre Heimat zurück.

Viele Deutsche kämpften auch auf der Seite der Amerikaner. Am prominentesten ist General Friedrich Wilhelm von Steuben, der erste Generalinspekteur der amerikanischen Armee. Es gelang ihm während des Unabhängigkeitskriegs, aus der vollkommen desolaten amerikanischen Revolutionsarmee ein Heer zu formen, das den Engländern ebenbürtig war. Sowohl durch die taktische und operative Ausbildung der amerikanischen Truppen als auch durch eigene Truppenkommandos hatte Steuben Anteil am amerikanischen Sieg über die britischen Kolonialherren. Aufgrund dieser herausragenden Leistung ist der gebürtige Magdeburger noch heute einer der prominentesten und beliebtesten Deutsch-Amerikaner. Jedes Jahr ehren die Amerikaner ihren Helden auf der New Yorker Fifth Avenue mit der Steuben-Parade.

Der ehemalige Offizier Steuben erreichte im Dezember 1777 Portsmouth in New Hampshire. Seine Hoffnung für einen guten Start in Amerika beruhte auf einem Empfehlungsschreiben an General Washington. Es wies ihn als ehemaligen General der Preußischen Armee aus: „Der Gentleman, der Ihnen diesen Brief überreichen wird, ist der Baron von Steuben, Generalleutnant

48

im Dienste des Königs von Preußen, dem er in allen Feldzügen als Adjutant und Quartiermeistergeneral zur Seite stand. Er geht nach Amerika mit wahrer Begeisterung für unsere Sache und dem Wunsch, diese zu unterstützen und ihr mit allen seinen Kräften zu dienen."

Im Februar 1778 stieß Steuben zu General George Washingtons Truppen. Washington hatte in Valley Forge sein Winterlager aufgeschlagen. Westlich von Philadelphia war es strategisch günstig gelegen und vor einem Überraschungsangriff der Briten gut geschützt. Was sich Steuben darbot, war ein jämmerliches Bild. Die Soldaten waren vollkommen heruntergekommen und hungerten. Sie hausten ohne Disziplin und Ordnung unter den schlimmsten hygienischen Bedingungen in einfachsten Baracken. Ihre mangelhafte Ausrüstung war bunt zusammengewürfelt. Die Standardwaffe der amerikanischen Truppen, das so genannte Kentucky Rifle, wurde zur Kalaschnikow des Unabhängigkeitskrieges. Deutsche Büchsenmacher hatten die Waffe aus ihrer Heimat mitgebracht und in Amerika weiterentwickelt.

Auf dem amerikanischen Kriegsschauplatz waren die Feindseligkeiten während des Winters 1777–1778 zum Erliegen gekommen. Es war üblich, dass man in der kalten Jahreszeit ein Lager bezog und erst im Frühjahr wieder mit den Feldzügen begann. Die Kriegsjahre 1776 und 1777 hatten für die unerfahrene amerikanische Armee erste Achtungserfolge gebracht. Mit ihrer Guerilla-Taktik fügten sie den Briten empfindliche Verluste zu.

Die amerikanischen Truppen bestanden überwiegend aus Bürgermilizen und nicht aus ausgebildeten Berufssoldaten. Militärischer Drill und Kadavergehorsam waren ihnen fremd und verhasst. Ihre Erfolge gegen die Engländer in den ersten Jahren des Konflikts beruhten daher weniger auf ihrer Kampftechnik als auf der Schwäche des Feindes, der mit massiven Nachschubproblemen zu kämpfen hatte. Die Engländer waren anfangs nicht auf den enormen Bedarf an Ausrüstung und Soldaten eingestellt. Erst im Verlauf

GENERAL VON STEUBEN
(1730–1794)

*2

GENERAL FRIEDRICH
WILHEM VON STEUBEN in der
Uniform der amerikanischen Armee
George Washingtons. Steuben bekleidete
als Generalquartiermeister einen der
höchsten Ränge in der US-Armee.
Neben Steuben kämpften eine ganze
Reihe deutscher Offiziere auf Seiten der
abtrünnigen Kolonien.

des Kriegs besserte sich die Versorgungslage für die Briten. Während des gesamten amerikanischen Unabhängigkeitskriegs schafften sie den Nachschub per Schiff aus dem weit entfernten Mutterland heran – eine für die damalige Zeit gewaltige logistische Aufgabe.

Steuben erkannte schnell, dass es am Einfachsten fehlte. Er begann das Lagerleben neu zu organisieren. Die Mahlzeiten mussten nun gemeinsam außerhalb der Unterkünfte eingenommen werden. Regelmäßiges Reinigen der Lager und Körperpflege verminderten die Zahl der Kranken deutlich. Mit simplen Methoden und Disziplin erzielte der preußische Offizier erhebliche Verbesserungen.

Schwierigkeiten bereitete Steuben die Einstellung der amerikanischen Soldaten. Preußischer Gehorsam war in der Wildnis Amerikas nicht durchsetzbar. Frustriert berichtete er einem Freund über seine Arbeit: „Ihrem Soldaten sagen Sie zum Beispiel: Mache das! Und er macht's. Dem meinigen musste ich dagegen zuerst sagen: Dies und das ist der Grund, warum Du dieses oder jenes machen sollst, und dann macht er's."

Die meisten Schlachten auf dem nordamerikanischen Kriegsschauplatz wurden immer noch durch die herkömmlichen Linienregimenter geschlagen. Deshalb war es notwendig, den Amerikanern zumindest die Grundregeln der damaligen Marschformationen beizubringen. Steuben bildete zu diesem Zweck eine Musterkompanie, mit der er die wesentlichen Formationen durchexerzierte. Aus der Musterkompanie wurden dann in der ganzen Armee neue Einheiten gebildet. So gelang es in kurzer Zeit, eine gewisse Ordnung und Disziplin in die amerikanischen Streitkräfte zu bringen. Steuben schrieb seine Drillanweisung in dem so genannten *Regulation Book* nieder, das als „Blue Book" in die Militärgeschichte einging. Es war die erste Dienstanweisung der amerikanischen Armee, die unter diesem Namen noch heute in Gebrauch ist. Offiziell galt sie nur bis 1812.

Mit dieser wichtigen Truppenausbildung und der Hilfe der französischen Armee gelang es den Amerikanern 1781, die Kapitulation der britischen Armee zu erzwingen. Der Krieg endete 1783 mit dem überaus günstigen Frieden von Paris, der die amerikanische Unabhängigkeit besiegelte.

Steuben kehrte nach dem Krieg nicht mehr nach Europa zurück. Er wurde amerikanischer Staatsbürger und lebte zurückgezogen mit einem Diener und seinem Privatsekretär auf seinem Landsitz Remsen im Staat New York. Im Alter von 64 Jahren starb er nach einem ereignisreichen Leben.

Die Verehrung, die Steuben bis heute auf beiden Seiten des Atlantiks entgegengebracht wird, lässt sich nicht allein durch seine militärischen Verdienste rechtfertigen. Sie erklärt sich auch aus dem Bedürfnis, die vielschichtigen deutsch-amerikanischen Beziehungen zu personifizieren. Der Steuben-Kult gipfelte in einer Ausstellung, die im Jahr 1980 anlässlich seines 250. Geburtstags stattfand. In seinem Grußwort würdigte der amerikanische Präsident Jimmy Carter ihn als einen Mann, „der in einzigartiger Weise die Tugenden der Selbstlosigkeit, militärischen Präzision und der Hingabe an die Demokratie in sich vereinte".

Mitten im Kalten Krieg war es sinnvoll, historische Gemeinsamkeiten zu beschwören, vor allem, wenn sie im militärischen Bereich lagen. Die Würdigung des amerikanischen Präsidenten lässt sich jedoch vor dem Hintergrund der überlieferten Fakten nicht halten. So wurde die Person Steubens im Lauf der Jahrhunderte bis zur Unkenntlichkeit verklärt – nicht zuletzt, um ihn politischen Zielen dienstbar zu machen. Demokratische Ideale hatten Steuben sicher nicht nach Amerika getrieben, und auch die Tugend der Selbstlosigkeit muss angesichts der Quellenlage in Frage gestellt werden, vielmehr stand Steubens Anfang in Amerika im Zeichen der Hochstapelei und der nackten Existenzangst. Seinen Verdiensten um die Ausbildung der amerikanischen Armee tut dies indes keinen Abbruch.

DIE HELDEN DER REVOLUTION

(Frederick Girsch, 1821–1895) General Washington zusammen mit Johann de Kalb, Baron von Steuben, Kazimierz Pulaski, Tadeusz Kosciusko, Marquis de Lafayette und John Mühlenberg.

Für den Kampf um die Unabhängigkeit der Vereinigten Staaten hatten sich in Europa viele aufgeklärte Menschen begeistert. So kämpfte der französische Marquis de Lafayette auf Seiten der Amerikaner. Der deutschstämmige General de Kalb stand in französischen Diensten und war im Gefolge Lafayettes nach Amerika gekommen. Polens Nationalheld Tadeusz Kosciusko hatte ebenfalls an den Kämpfen teilgenommen, bevor er 1793/94 als Führer der polnischen nationalen Erhebung auftrat. John Peter Mühlenberg gehörte zu den herausragenden Deutsch-Amerikanern dieser Zeit und genoss das Vertrauen George Washingtons.

GENERAL GEORGE WASHINGTON
ÜBERQUERT DEN DELAWARE-FLUSS

Das Bild zeigt den historischen Moment, als General Washington mit seinen Truppen den Delaware überquert, um englische und hessische Truppen in der Schlacht bei Trenton, einen Tag nach Weihnachten 1776, zu überraschen. Seit 1778 wurde Washington auf seinen Feldzügen stets von seiner deutschen Leibwache begleitet. Den Befehl über die Leibwache führte Hauptmann Bartholomäus von Heer, der schon unter Friedrich dem Großen gedient hatte. Auch die Mitglieder der Leibwache waren zum Großteil Deutsch-Amerikaner.

Die Hochstapelei nahm ihren Anfang wohl mit der adligen Herkunft Steubens, um die sich schon zu seinen Lebzeiten Spekulationen rankten. Steubens Vater war preußischer Offizier und sein Sohn Friedrich Wilhelm schon von Kindesbeinen an mit dem Militärwesen vertraut. Das preußische Offizierskorps Friedrichs des Großen war eine elitäre Gemeinschaft, die nur Söhnen aus adligen Familien vorbehalten war. Es wird vermutet, dass der Großvater des späteren amerikanischen Revolutionsgenerals die adlige Herkunft der Familie fingierte und so den sozialen Aufstieg einleitete. Durch eine geschickte Fälschung des Stammbaums wurde angeblich aus der bürgerlichen Familie Steube ein Ast der adligen Familie von Steuben.

Zu Lebzeiten Steubens war adlige Herkunft nahezu eine Lebensversicherung. Für den Eintritt in die Offizierslaufbahn wurde der Nachweis regelmäßig verlangt. Es war daher nicht ungewöhnlich, dass viele ehrgeizige Menschen in der damaligen Zeit ihren ganzen Einfallsreichtum bemühten, um sich eine adlige Herkunft zu verschaffen. Große preußische Generäle der napoleonischen Zeit haben ihren Zugang zur preußischen Offizierskaste unter Vorspiegelung falscher Tatsachen erlangt. Die Offiziere Neidhardt von Gneisenau, Yorck von Wartenburg und Clausewitz sind die prominentesten Beispiele einer weit verbreiteten Praxis.

Friedrich Wilhelm von Steuben trat mit 16 Jahren in die preußische Armee ein. Den Höhepunkt seiner militärischen Laufbahn erreichte er 1761, als er als Quartiermeisterleutnant der Königlichen Suite in den Stab Friedrichs des Großen berufen wurde. Grund für die Beförderung waren seine exzellenten Kontakte, in diesem Fall die Bekanntschaft mit einem der wichtigsten Offiziere im Stab, dem Major Wilhelm von Anhalt-Zerbst. Steubens militärische Verdienste finden in den Annalen keine Erwähnung. Es ist keine Schlacht bekannt, in der er sich an prominenter Stelle auszeichnete.

Seine Zeit im Lager des Königs war von kurzer Dauer. Schon im Winter desselben Jahres geriet Steuben in russische Kriegsgefangenschaft. Die militärische Lage Preußens 1761/62 war katastrophal – nur ein Wunder konnte es noch vor dem Untergang retten. Dieses Wunder trat mit dem plötzlichen Tod der russischen Zarin Elisabeth II. ein. Ihr Sohn Peter III. war ein glühender Verehrer Friedrichs II. und seines Militärs. Kaum an der Macht, befahl er, alle Kriegshandlungen einzustellen. Die Geschehnisse gingen als Wunder des Hauses Brandenburg in die Geschichte ein.

Nach dem Friedensschluss mit Russland endete Steubens Zeit in der königlichen Suite. Die Versetzung auf ein wenig bedeutendes Provinzkommando wurde oft als Grund für seinen überraschenden Abschied im Frühjahr 1763 genannt. Steuben beendete mit dem Ausscheiden aus der preußischen Armee zunächst seine militärische Laufbahn.

Nach einer kurzen Phase des Müßiggangs trat er 1764 in die Dienste des Fürsten von Hohenzollern-Hechingen. In dem kleinen Fürstentum im Südwesten Deutschlands bekleidete er den Posten des Hofmarschalls. Für einen Offizier war dieser Schritt ein deutlicher Abstieg. Zwar hatte die neue Position auch ihre angenehmen Seiten, bot für Steubens Qualifikation jedoch keine adäquate Perspektive. Seine Aufgaben waren gänzlich unmilitärischer Natur. Der ehemalige Offizier war für die Aufrechterhaltung des aufwendigen Lebensstils des Fürsten verantwortlich und musste über die Hofhaltung wachen.

Doch das Leben im Fürstentum gefiel Steuben, er blieb dort zwölf Jahre. Aus dieser Zeit stammen die Vorwürfe, Steuben habe sich an minderjährigen Jungen vergangen. Weitergehende Gerüchte die dem reformierten Protestanten eine homoerotische Beziehung mit dem katholischen Hechinger Fürsten unterstellten, wurden nie bewiesen. Historisch belegt ist hingegen eine enge freundschaftliche Verbindung zum Prinzen Heinrich II. Der Bruder Friedrichs des Großen ging relativ offen mit seiner Homosexualität um. An

STEUBEN während seiner Zeit am Hofe in Hechingen. Auf Steuben soll die Erfindung des Wortes O. K. zurückgehen. Die beiden Buchstaben O. K. sind heute zu einer weltweiten Verständigungsformel geworden. In fast jeder Sprache hat die Floskel Einzug gehalten. Steuben konnte bei seiner Ankunft in Amerika kein Englisch. Als er sich bei General Washington zum Dienstantritt meldete, verständigte er sich anfangs auf Französisch und eignete sich erst allmählich Englischkenntnisse für den militärischen Gebrauch an. Sein geschriebenes Englisch blieb hingegen schlecht, er schrieb die Worte so nieder, wie er sie mit seinem deutschen Akzent aussprach. Die Redewendung „all correct" notierte er mit „oll korrekt". Daraus soll sich die Abkürzung O. K. ergeben haben.

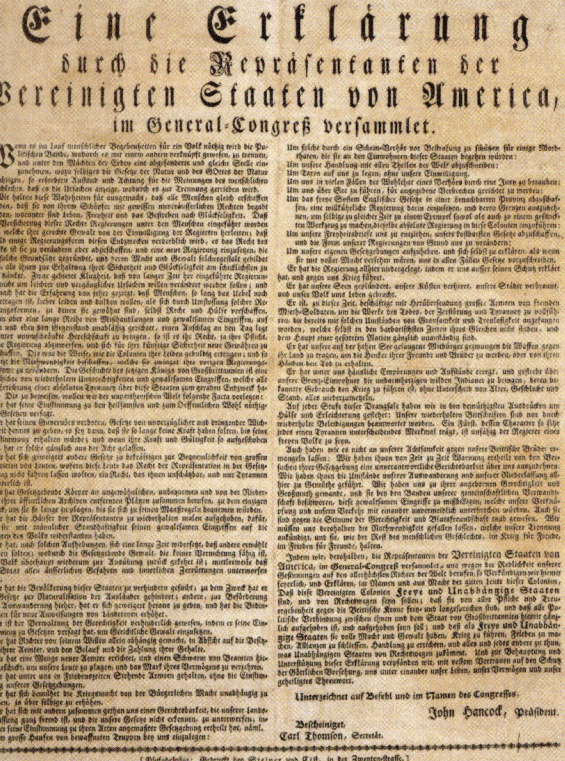

**DIE UNABHÄNGIGKEITS-
ERKLÄRUNG DER VEREINIGTEN
STAATEN VON AMERIKA**

*wurde zuerst auf Deutsch veröffentlicht. Am 5. Juli
wurde das Dokument in Henry Millers
Pennsylvanischem Staatsboten veröffentlicht, bevor es
einen Tag später, am 6. Juli, in der englischsprachigen
Evening Post angekündigt wurde. Das Dokument oben
zeigt die Veröffentlichung aus der Druckerei der
Deutsch-Amerikaner Steiner & Cist in der
deutschen Version vom 5. Juli.*

den Höfen der damaligen Zeit wurde diese Neigung toleriert, solange sie nicht zu kriminellen Vergehen führte.

Erst 1775 sah sich Steuben nach einer neuen Stellung um. Der Fürst steckte in finanziellen Schwierigkeiten, da der Lebensstil am Hof die wirtschaftliche Leistungsfähigkeit des kleinen Fürstentums bei weitem überstieg. Dies führte dazu, dass die Hofhaltung zeitweise ganz aufgegeben werden musste. Allerdings hielt der Fürst auch während früher aufgetretener Schwierigkeiten immer zu Steuben. Im Feudalstaat galten die gegenseitigen Treuepflichten zwischen Feudalherren und Vasallen gerade und besonders in schwierigen Zeiten. Da Steuben jedoch zu allen Zeiten seines Lebens einen Schwarm von Gläubigern hinter sich her zog, zwang ihn wohl seine permanente Geldnot, sich nach neuen Pfründen umzusehen.

Mit 45 Jahren war dies kein leichtes Unterfangen. Bei einer durchschnittlichen Lebenserwartung von 50 Jahren wechselte man in diesem Alter nicht ohne Not seine Stellung. Ein adliger Offizier verbrachte diesen Lebensabschnitt in der Regel auf seinem Gut im Kreis seiner Familie. Steuben hingegen war kinderlos und unverheiratet. In seinen Briefen finden sich keinerlei Hinweise auf eine Beziehung zu einer Frau.

Bei seinen zahllosen Anläufen, einen neuen Arbeitgeber zu finden, bemühte er auch internationale Kontakte. Eine Bewerbung bei der englischen Ostindien-Gesellschaft scheiterte. Auch ein Versuch, in die Dienste Kaiser Josephs II. zu treten, blieb im Ansatz stecken. Und schließlich verzichtete auch Frankreich auf die Dienste, die der Baron dem König anbot. Im Jahr 1777 hoffte Steuben auf eine Stellung bei dem Markgrafen von Baden. Seine Kontakte zum Karlsruher Hof waren hervorragend und berechtigten zu großem Optimismus. Doch auch diese Hoffnung wurde enttäuscht. Ein Freund am badischen Hof, der Baron von Edelstein, hatte die undankbare Aufgabe, ihm die Absage mitzuteilen. Vermutlich ebenfalls aus der Feder

Edelsteins stammt der Entwurf eines Schreibens an den Fürsten von Hohenzollern-Hechingen. Es ist ein Schlüsseldokument zum Verständnis von Steubens Lebenswandel:

„Ich kenne die grenzenlose Zuneigung, die Eure Hoheit für den Baron von Steuben haben. Aber nicht alle an Eurem Hof denken, was ihn betrifft, ebenso. Mir wurde von Verstößen gegen das Recht berichtet, dass man Herrn von Steuben beschuldigen würde, Vertraulichkeiten mit jungen Knaben zu haben, die das Gesetz verbietet und schwer bestraft. Man hat mich auch wissen lassen, dass dies der Grund gewesen sei, warum Herr von Steuben aufgefordert wurde, Hechingen zu verlassen, und dass die Geistlichkeit des Landes beabsichtigt, ihn gerichtlich verfolgen zu lassen, sobald er sich irgendwo niederlassen sollte."

Verfasst wurde das Schreiben im August 1777. Einen Monat später schiffte sich Steuben nach Amerika ein. Anscheinend war höchste Eile geboten, um nicht strafrechtlich belangt zu werden. Amerika war der einzig noch verbleibende Ausweg. Hier war Steuben vor dem Zugriff der katholischen Kirche sicher, und gleichzeitig bot sich ihm die Aussicht auf eine zweite Karriere.

Durch einen Engländer am badischen Hof war er mit der Situation in Amerika vertraut gemacht worden. In Europa wusste man wenig über die Ereignisse im fernen Amerika. So nahm man von der amerikanischen Unabhängigkeitserklärung anfangs kaum Notiz. Durch die Vermittlung des französischen Kriegsministers war es Steuben gelungen, in Paris mit Benjamin Franklin und Silas Deane in Verbindung zu treten. Der amerikanische Kongress der 13 Kolonien hatte beide nach Paris entsandt, um in Europa für politische und militärische Unterstützung zu werben.

Frankreich hatte nach dem Siebenjährigen Krieg nahezu seine gesamten nordamerikanischen Besitzungen verloren. Jetzt dürstete es die Franzosen nach Revanche. Durch die Unterstützung der Kolonien bot sich die Chance,

MOLLY PITCHER(1754–1832), wurde zur Heldin des Unabhängigkeitskrieges. Während der Schlacht von Monmouth schleppte sie für ihren Mann und andere durstige Soldaten Wasserkrüge herbei. Als ihr Mann verwundet wurde, nahm sie kurzerhand seine Position an der Kanone ein. Ihr richtiger Name war Marie Ludwig, sie stammte von Einwanderern aus der Pfalz ab.

England nachhaltig zu schwächen. Franklin und Deane stießen auf offene Ohren, als sie auf höchster Ebene um die Unterstützung der französischen Krone warben.

Zunächst vermied es Frankreich, direkt in den Konflikt einzugreifen, denn das hätte die sofortige Kriegserklärung Englands zur Folge gehabt. Erst 1778 wurde Frankreich offiziell zum Verbündeten der Amerikaner. In der Zwischenzeit organisierte man im Verborgenen die militärische Unterstützung für die amerikanischen Kolonien. Über eine private Tarnfirma lieferte Frankreich den Amerikanern Waffen und Munition.

Steuben hatte bei seinem Treffen mit Benjamin Franklin versucht, die Bedingungen seines Eintritts in amerikanische Dienste auszuhandeln. Er gab sich als ehemaliger General der Armee Friedrichs des Großen aus, um seine Ausgangsposition zu verbessern – eine glatte Lüge. Die Vereinigten Staaten sollten die Kosten der Überfahrt und seine monatlichen Bezüge zusichern. Franklin lehnte beide Forderungen des falschen Generals ab. In seinen Memoiren zeigte sich Steuben entrüstet über so viel Ignoranz. Lange hatte er allerdings nicht damit zugebracht, sich über die unverbindliche Art von Franklin zu ärgern. Schon im September trat Steuben seine Reise nach Amerika an, ohne eine feste Zusage, in amerikanische Dienste übernommen zu werden. Seine Abreise glich daher mehr einer Flucht denn einem gut überlegten Karriereschritt. Seine einzige Hoffnung auf einen guten Start in Amerika war das eingangs erwähnte Empfehlungsschreiben an General Washington.

Zur Zeit des amerikanischen Unabhängigkeitskriegs existierte Deutschland noch nicht als moderner Nationalstaat. Das Heilige Römische Reich Deutscher Nation war ein Staatenbund, der aber kaum noch über politische und militärische Macht verfügte. Die eigentlichen Machtfaktoren waren Preußen und Österreich. Das Preußen Friedrichs des Großen genoss in der ganzen damaligen Welt einen hervorragenden Ruf. Sein Militärwesen galt als weltweit führend, die Verwaltung als effektiv und modern. Friedrich der Große hatte Preußen zu einem Musterbeispiel für eine von der Aufklärung geprägte Monarchie gemacht.

Die jungen Vereinigten Staaten von Amerika sahen in Preußen ihren natürlichen Verbündeten. In der Tat hatten beide Staaten große Gemeinsamkeiten. Ihr Selbstverständnis beruhte jeweils auf einer Idee. In Preußen sollte jeder „nach seiner Façon selig werden" und in Amerika war „the pursuit of happiness" als Grundrecht verankert. Auch bildeten beide weder geografisch noch kulturell eine Einheit. Preußen umfasste am Ende des 18. Jahrhunderts so grundverschiedene Regionen wie Schlesien, Ostpreußen und die rheinischen Besitzungen. Auch die 13 Kolonien der jungen USA hatten eine vollkommen unterschiedliche Entstehungsgeschichte, die ihre Identität nachhaltig beeinflusste. Während die südlichen Kolonien von einer Pflanzeraristokratie beherrscht wurde, waren die nördlichen Neu-England-Staaten von den strengen Anschauungen der Puritaner durchdrungen. Die mittleren Staaten wiederum setzten sich aus einer Vielzahl verschiedener Nationalitäten und Konfessionen zusammen und präsentierten sich am weltoffensten.

Preußische Offiziere standen bei den Amerikanern hoch im Kurs. Die damalige Kriegsführung verlangte eiserne Disziplin und perfekt gedrillte Soldaten.

PRINZ HEINRICH VON PREUSSEN *Der Bruder Friedrichs des Großen spielte in den Überlegungen der unabhänig gewordenen Kolonien eine wichtige Rolle. Man wollte ihm die Rolle des Staatsoberhauptes antragen.*

JOHN PETER MÜHLENBERG

war einer der profiliertesten Generale in
Washingtons Armee. Mühlenbergs Vater,
Heinrich Melchior Mühlenberg, hatte die
erste lutherische Synode in Nordamerika
gegründet. Seine drei Söhne wurden ebenfalls Pastoren. Für ihr Studium schickte der
Vater sie nach Deutschland zurück. Mit
Beginn des Unabhänigkeitskrieges legte
John Peter Mühlenberg sein Amtskleid ab
und wurde Soldat. Der Überlieferung nach
soll er sich während des Gottesdienstes
seine Robe vom Leib gerissen haben, unter
der er bereits eine amerikanische Uniform
trug. Mit den Bibelworten „… alles hat seine
Zeit …, jetzt ist die Zeit zum Kämpfen
gekommen" verabschiedete er sich in die
Schlacht.

Sein Bruder Friedrich Mühlenberg wurde
der erste Sprecher des amerikanischen
Repräsentantenhauses im ersten und dritten
Kongress. Auf diesen wichtigen
Parlamentarier geht die Legende zurück ,
der zufolge Deutsch nur mit einer Stimme
die Mehrheit zur Einführung als
Landessprache verfehlte.

Die Schnelligkeit, mit der man seinen Vorderlader wieder für die nächste
Salve fertig machen konnte, entschied über Sieg oder Niederlage. Keine
andere Armee der Welt schoss schneller und besser als die Armee des
Preußenkönigs. Die Marschformationen, mit denen die Preußen gegen den
Feind vorrückten, glichen einem Uhrwerk. Das machte auch Steuben für die
Armee George Washingtons hochinteressant. Im revolutionären Amerika
brauchte man dringend militärische Unterstützung in Form von Fachleuten,
Waffen und Ausrüstung.

Nicht zuletzt deshalb hatte im zweiten Jahr des Unabhängigkeitskrieges
(1777) der Amerikaner Arthur Lee versucht, den preußischen König auf die
Seite der USA zu ziehen. Die Brüder Arthur und William Lee waren die
ersten „Geheimagenten" der USA. In dieser Mission versuchten die beiden
Plantagenbesitzer aus den Südstaaten, in geheimen diplomatischen Verhandlungen die politischen Anerkennung der europäischen Höfe zu erlangen. Arthur Lee war eigens nach Berlin gereist, um eine persönliche Audienz
bei Hofe zu bekommen. Zunächst ohne Erfolg, denn der preußische König
hielt es für weiser, sich aus dem Konflikt zwischen seinem Vetter Georg III.
und den Kolonien herauszuhalten.

Erst nach Kriegsende war Preußen bereit, mit den Vereinigten Staaten von
Amerika diplomatische Beziehungen aufzunehmen. Das erste Produkt
dieser neuen internationalen Zusammenarbeit war der preußisch-amerikani-
sche Freundschafts- und Handelsvertrag aus dem Jahr 1786. Was den Vertrag
aus der Reihe der sonst üblichen diplomatischen Verbindungen heraushob,
war die Erwähnung der Menschenrechte. Es wurde die erste völkerrechtliche
Vereinbarung zwischen zwei Staaten, die feste Regeln für die Kriegsführung
festschrieb. Der Schutz der Zivilbevölkerung in einem bewaffneten Konflikt
wurde hier lange vor der Verabschiedung der Genfer Konvention festge-
schrieben.

Mit dem Ende des Kampfs um die Unabhängigkeit traten in den jungen USA wieder alte Konflikte in den Vordergrund, die durch den Krieg aus dem Bewusstsein verdrängt worden waren. In den ersten Jahren nach dem Friedensschluss waren sich die Amerikaner nicht über die Zukunft ihrer Staaten einig. Zudem war der Kongress der 13 Kolonien oft monatelang handlungsunfähig, weil sich nicht genug Delegierte einfanden, um über die drängenden Probleme zu beraten. So blieben die Fragen nach dem Staatsoberhaupt und nach der Staatsform in den ersten Jahren offen.

In dieser Zeit gab es immer wieder Bestrebungen, einem europäischen Monarchen die Rolle des Staatsoberhauptes anzutragen. Neben vielen anderen Versuchen, die damals unternommen wurden, hatte auch eine kleine Gruppe von Delegierten General von Steuben gebeten, sich an den Prinzen Heinrich von Preußen zu wenden. Der Bruder Friedrichs des Großen fühlte sich durch die Anfrage der Amerikaner sichtlich geehrt. Ernsthaft in Erwägung ziehen musste er die Übersiedlung in die Neue Welt freilich nie: 1789 wurde George Washington zum ersten Präsidenten der USA gewählt.

HESSISCHE SOLDATEN

Das Bild zeigt die Soldaten bereits nach der Rückkehr aus den englischen Kolonien. Die Bärenfellmützen und der schwarze Trommler sind die deutlich erkennbaren Merkmale des Einsatzes fern der Heimat.

Die hessischen Söldner im amerikanischen Unabhängigkeitskrieg

Der preußische Offizier von Steuben war nicht der einzige Deutsche, der für die Unabhängigkeit der USA kämpfte. Viele der deutschen Siedler im Land stellten sich auf die Seite der Amerikaner. Der prominenteste unter ihnen war General Mühlenberg. Doch auch auf der Gegenseite standen an die 30 000 deutsche Soldaten unter britischem Kommando. Die Geschichte kennt sie als die hessischen Söldner.

Als in Amerika die ersten Unruhen ausbrachen und sich der englische König Georg III. entschloss, die aufständischen Kolonien mit aller Macht zur

WERBEPLAKAT AUS DEM FÜRSTENTUM ANHALT

Nicht nur der Landgraf von Hessen, sondern viele deutsche Fürstentümer beteiligten sich an dem lukrativen Kriegsgeschäft.

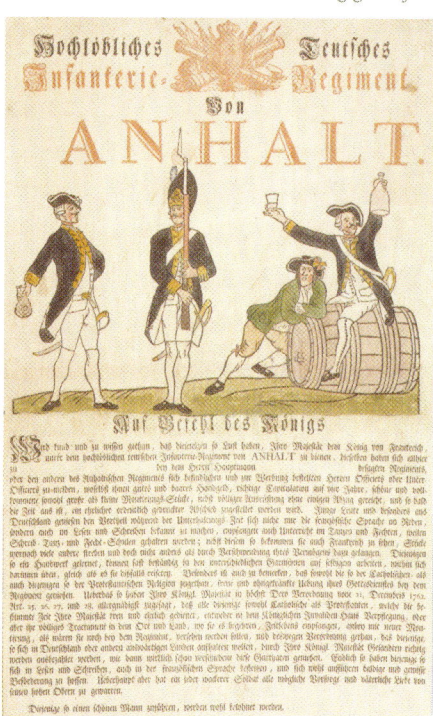

Vernunft zu bringen, standen den 15 000 englischen Soldaten rund 20 000 amerikanische Soldaten gegenüber. Um eine Chance auf einen Sieg zu haben, mussten die Briten in kurzer Zeit ihre Truppenstärke verdoppeln. In England selbst konnte die benötigte Anzahl Soldaten nicht mehr aufgeboten werden. Auch im Kurfürstentum Hannover, das der König in Personalunion regierte, waren keine Truppen mehr verfügbar. Alle hannoverschen Soldaten waren bereits auf dem Weg nach Gibraltar, wo sie englische Truppen ablösen sollten, die den Marschbefehl nach Amerika erhalten hatten.

In dieser schwierigen Situation griff der König auf ein bewährtes Mittel zurück, die so genannten Subsidienverträge. In der damaligen Zeit war es nicht ungewöhnlich, dass man sich von anderen Staaten Truppen auslieh, um seine militärischen Interessen durchzusetzen. Nationalstaatliche Zwänge und patriotische Gefühle waren noch nicht besonders ausgeprägt. So kam es, dass in dieser Zeit deutsche Truppen in englischen und französischen Diensten standen. In seiner Not schickte der englische König einen Unterhändler nach Deutschland, der alle Vollmachten hatte, schnell und unbürokratisch die nötigen Verhandlungen aufzunehmen.

Der Landgraf von Hessen-Kassel Friedrichs II. und sein Sohn Wilhelm IX. waren die erfolgreichsten Militärunternehmer der damaligen Zeit. Die nahe Verwandtschaft zum englischen Königshaus half zusätzlich, schließlich war die Frau Friedrich II. eine Schwester König Georgs II. So schloss der hessische Landgraf umfangreiche Verträge mit der britischen Krone und stellte das größte Kontingent deutscher Soldaten. In Amerika wurden daraufhin bald alle deutschen Soldaten pauschal als Hessen bezeichnet – auf Englisch „Hessians".

Im Amerika des Unabhängigkeitskrieges wurde „Hessians" zu einem Schimpfwort. Aber die hessischen Landgrafen waren nicht die Einzigen, die ihre Staatsfinanzen mit dem Leben der Landeskinder aufbesserten. Der

Herzog von Braunschweig, der Markgraf von Ansbach und der Fürst von Waldeck schlossen ebenfalls Verträge mit der englischen Krone. Und die Namen des bayerischen Kurfürsten und des Herzogs von Württemberg fehlen nur deswegen in der Liste, weil ihre Truppen von den englischen Agenten nicht für gut genug befunden wurden.

Die Truppen des Herzogs von Braunschweig waren die ersten, die sich im Frühjahr 1776 auf den Weg machten. Von Wolfenbüttel ging es durch das Kurfürstentum Hannover nach Bremerhaven. Eine vergleichsweise einfache Anreise. Die Rekruten des Grafen von Hanau hatten es da schwieriger. Sie mussten durch eine Vielzahl kleiner Staaten marschieren. Verweigerte einer der Fürsten die Durchreise, konnte dies wochenlange Umwege zur Folge haben.

Als Friedrich der Große den Hanauer Truppen untersagte, durch seine preußische Rheinprovinz zu ziehen, verzögerte sich deren Abeise um mehrere Monate. Der Historiker Friedrich Kapp behauptet sogar, dass die Verspätung der Hanauer zur vernichtenden Niederlage der Briten geführt habe.

Friedrich dem Großen sagte man nach, dass er ein vehementer Gegner des Soldatenhandels sei und deshalb die Truppen des hessischen Erbprinzen aufgehalten habe. Dabei spielten aber nicht allein philanthropische Ideen eine Rolle. Die Intervention des Preußenkönigs hatte auch einen ganz eigennützigen Hintergrund. Durch die ständigen Rekrutierungen wurden Soldaten in Deutschland knapp, Soldaten, die Preußen im Ernstfall dringend brauchte. Dass es die Reichsverfassung nicht zuließ, Soldaten an andere Länder außerhalb des Reiches zu verkaufen, wurde von den meisten Fürsten ignoriert. Ein weiteres Zeichen, wie schwach das Heilige Römische Reich Deutscher Nation zu diesem Zeitpunkt geworden war.

Aus heutiger Sicht stellt sich der Subsidienhandel als ein blutiges Geschäft

LANDGRAF FRIEDRICH II. VON HESSEN *gehörte zu den erfolgreichsten Militärunternehmern seiner Zeit.*

GENERAL VON RIEDESEL

kam an der Spitze des Braunschweiger Kontingents nach Nordamerika. Seine Frau Friedericke (rechts) reiste ihm mit drei Kindern hinterher. Eine für damalige Verhältnisse außergewöhnlich mutige Entscheidung.

dar, das den Fürsten hohe Gewinne versprach. Für Zeitgenossen war die Praxis, für einen fremden Herrn Militärdienste zu leisten, jedoch nicht ungewöhnlich. Für viele junge Männer bot sich dadurch die Möglichkeit, bei überdurchschnittlich gutem Sold ihre Abenteuerlust zu befriedigen.

Amerikanische Historiker haben immer wieder behauptet, dass viele „Hessen" desertiert und in den USA geblieben seien. Nachdem der Krieg zu Ende war, entschieden sich tatsächlich einige tausend deutsche Soldaten, für immer in Amerika zu bleiben. Zu diesem Zeitpunkt waren sie aber bereits ordentlich aus dem Militärdienst entlassen worden.

Die überwiegende Mehrzahl kehrte in ihre Heimat zurück. Von den etwa 30 000 deutschen Soldaten waren es 17 000. Etwa 1200 Söldner starben in der Schlacht oder erlagen später ihren Verwundungen, circa 6300 wurden Opfer von Krankheiten oder Unfällen. Erstaunlich wenige waren desertiert. Dabei versuchten die Amerikaner alles, um die deutschen Söldner auf ihre Seite zu ziehen: 50 Hektar Land und Befreiung vom Kriegsdienst wurden jedem versprochen, der sich auf die Seite der Revolutionäre schlug.

Allerdings regte sich auch damals schon Widerstand gegen die Praktiken der geschäftstüchtigen Landesherren. Neben Friedrich dem Großen war es vor allem der Franzose Mirabeau, der in seinen „Mitteilungen an die Hessen" die rüden Praktiken kritisierte. Auch Schiller, Herder und Schubart haben später den Soldatenhandel in ihren Werken angeprangert.

Über die Geschehnisse im amerikanischen Unabhängigkeitskrieg sind wir gut informiert. Zum einen, weil die deutschen Regimenter über die Ereignisse detailliert Buch führten. Zum anderen, weil viele Soldaten Briefe in die Heimat schickten. Es sind interessante Darstellungen von den Anfängen der Vereinigten Staaten. Ein besonders faszinierender Bericht der Ereignisse stammt aus der Feder der Baronin Friedericke von Riedesel, der Frau des Braunschweiger Generals von Riedesel.

Reiseberichte von Frauen waren in jener Zeit unüblich. Noch ungewöhnlicher waren die Umstände, unter denen Friedericke von Riedesel nach Amerika gelangte. Ihr Mann war im Frühjahr 1776 an der Spitze des Braunschweiger Regiments nach Amerika aufgebrochen. Er ließ seine Frau, die mit ihrem dritten Kind schwanger war, in Wolfenbüttel zurück. Zwei Monate nach der Geburt der Tochter brach sie ebenfalls auf, um ihrem Mann in die USA nachzureisen. Mit drei kleinen Mädchen, von denen das älteste vier Jahre alt war und das jüngste gerade einmal zehn Wochen, machte sie sich auf den Weg. Ihre Zeitgenossen waren voller Hochachtung vor der Entschlossenheit und dem Mut der jungen Frau. Zwar war es damals durchaus üblich, dass Soldaten und Offiziere von ihren Frauen und Familien während eines Feldzuges begleitet wurden, aber das wilde Amerika galt als ein äußerst abenteuerliches Ziel.

Die Baronin brach von Wolfenbüttel zunächst nach London auf. Hier hielt sie sich einige Zeit auf, um ihre Reise nach Amerika zu organisieren. In dieser Zeit war sie mehrmals am englischen Königshof zu Gast. Die Königin, eine deutsche Prinzessin, war voller Bewunderung für die furchtlose Baronin. Schon der Weg von Wolfenbüttel nach London war nicht gefahrlos.

Europa war zu dieser Zeit bei weitem nicht so dicht besiedelt wie heute. So

FRIEDERICKE VON RIEDESEL

lebten in der damaligen Landgrafschaft Hessen-Kassel etwa 400 000 Menschen – heute sind es mehrere Millionen. Wegelagerer und Räuber säumten die Wege. Die großen Wälder boten allerlei Gesindel Unterschlupf und waren daher bei den Reisenden gefürchtet. Passierte ein Unfall, brach etwa eine Achse oder fuhr man in den Graben, konnte es Tage dauern, bis man endlich weiterkam. Als Frau allein zu reisen, war praktisch unmöglich. Auch Friedericke Riedesel wurde während der ganzen Zeit von dem Diener der Familie, Röckel, begleitet.

Die Baronin schrieb in ihren Aufzeichnungen, dass es nicht die gefahrvolle Überfahrt nach Amerika und das wilde Land war, vor dem sie sich am meisten fürchtete. Viel mehr Unbehagen bereitete ihr, dass sie die englische Sprache nicht sprechen konnte. Nach einer erträglichen Überfahrt kam sie mit ihren Kindern wohlbehalten in Amerika an. Ihr Mann war gerade in den Vorbereitungen für den Feldzug gegen die Rebellen. Von der Garnison bei Quebec ging die Reise gen Süden. Friedericke und die Kinder befanden sich während der ganzen Kampagne im Tross der Nordarmee.

Das Leid der verwundeten und sterbenden Soldaten bekam die Baronin hautnah mit, und fortwährend bangte sie um das Leben ihres Mannes. Als die britische Nordarmee von der amerikanischen Armee eingekesselt und geschlagen wurde, war der Krieg für die Riedesels vorbei. Der General und seine Familie gerieten in amerikanische Kriegsgefangenschaft. Doch bis zur Heimreise sollten noch sechs Jahre vergehen, weil die Amerikaner befürchteten, die freigelassenen Truppen könnten wieder gegen sie in die Schlacht ziehen.

Aus dieser Zeit der Familie in Nordamerika stammt eine Anekdote, deren Wahrheitsgehalt nicht angezweifelt wird. Danach haben die Amerikaner der Familie des Generals von Riedesel die Tradition des Weihnachtsbaumes zu verdanken. Wie in der deutschen Heimat üblich, feierte die Familie des

Generals das Weihnachtsfest mit festlich geschmückter Tanne in ihrem Haus in Quebec und animierte viele zur Nachahmung. Noch heute wird das ehemalige Haus der Riedesels daher „Christmas Tree House" genannt.

DER ERSTE WEIHNACHTSBAUM IN AMERIKA soll durch die Familie Riedesel in die Neue Welt gebracht worden sein.

GOLDRAUSCH UND BLUE JEANS

DIE „BREMEN"

Der erste Hochseedampfer des Norddeutschen Lloyd, die
„Bremen", wurde 1858 in Dienst gestellt. Erst allmählich setz-
ten sich die schnelleren Dampfschiffe durch. Levi Strauss hat
seine Überfahrt nach Amerika noch auf einem herkömmlichen
Segelschiff erlebt.

LEVI STRAUSS UND DIE ERSCHLIESSUNG DES WESTENS

„We will clothe the world."

Die erste große Massenauswanderung in die USA begann gegen Mitte des 19. Jahrhunderts. Die wirtschaftliche Situation war für viele Deutsche ausweglos und zwang immer mehr Menschen dazu, ihre Heimat zu verlassen. Missernten, die Teilung der Höfe durch Erbgang und Überbevölkerung hatten die Lebensgrundlagen auf dem Land für viele zerstört. Daneben hatte die Aufhebung der Leibeigenschaft nicht nur positive Auswirkungen. Manch ein ehemaliger leibeigener Landarbeiter verfügte nicht über genug Geld, um sich ein eigenes Stück Land zu kaufen, und verarmte völlig.

Vor diesem Hintergrund setzte die größte Migrationsbewegung des 19. Jahrhunderts ein. Neben den Deutschen hinterließ keine andere ethnische Gruppe in dieser Zeit so nachhaltige Spuren in Amerika. Über 220 000 Menschen kamen alleine 1854 in den USA an. 1880 wurde mit mehr als 250 000 Einwanderern aus dem Deutschen Reich der absolute Höhepunkt erreicht.

Als Levi Strauss 1847 als 18-jähriger junger Mann in die USA auswanderte, war er nur einer von vielen tausend mittellosen deutschen Einwanderern. Sie alle träumten von einem Leben in Freiheit und Wohlstand. Die Goldfunde in Kalifornien hatten bei vielen die Hoffnung auf schnellen Reichtum geweckt. Strauss gelang die Realisierung des amerikanischen Traums mit einer einzigen genialen Erfindung: den Blue Jeans. Der gebürtige Buttenheimer schuf eine Ikone der amerikanischen Lebensart, die seit nunmehr fünf Generationen Amerika und den westlichen Lebensstil prägt.

Das Geburtshaus von Levi Strauss
in Buttenheim.

LEVI STRAUSS

Der geniale Unternehmer wurde als Löb Strauss 1829 in Franken geboren. Als sechstes Kind von Hirsch und Rebecca Strauss musste der junge Löb nach dem Tod des Vaters schon früh mit für den Unterhalt der Familie sorgen. Die Zukunftsaussichten waren schlecht und die Familie in wirtschaftlicher Not.

Mitte des 19. Jahrhunderts hatten Deutsche jüdischen Glaubens noch nicht die gleichen Rechte wie ihre christlichen Mitbürger. Um sich niederlassen zu können, mussten sie sich dem Schutz eines Landesherrn unterstellen. Der Zugang zu Berufen und Universitäten war ihnen entweder aus rechtlichen Gründen oder schlicht aus Geldmangel verwehrt. So waren die meisten jüdischen Deutschen bettelarm. Auf dem Land zogen sie oft als Viehhändler und Hausierer von Ort zu Ort. Auch Levis Vater verdiente den Lebensunterhalt für die Familie als Hausierer.

Die Fesseln der mittelalterlichen christlichen Bevormundung lösten sich erst 1871, als den jüdischen Deutschen die gleichen Bürgerrechte eingeräumt wurden wie ihren christlichen Mitbürgern. Die lange Unterdrückten konnten sich nun frei entfalten. Zudem bot das auf den Schlachtfeldern Frankreichs geborene Deutsche Reich in Wissenschaft und der sich entwickelnden Industrie ungeahnte Möglichkeiten. Wie kaum eine andere gesellschaftliche Gruppe trieben die Deutschen jüdischen Glaubens die Entwicklung zur Moderne voran. Sie wurden als Rechtsanwälte, Ärzte, Künstler, Unternehmer, Soldaten und Wissenschaftler selbstverständlicher und tragender Bestandteil der Gesellschaft.

Levi Strauss konnte nicht warten, bis sich die Dinge in Deutschland vorteilhaft für ihn entwickelten. Bereits 1847 schiffte er sich mit seiner Mutter und seinen beiden Schwestern nach Amerika ein. Wer heute vor dem kleinen, ärmlichen Fachwerkhaus steht, das die Familie Strauss im Erdgeschoss bis 1847 bewohnte, bekommt eine Ahnung davon, wie viel sie zu verlieren hatte –

PASSAGESCHEIN DER HAPAG

für die Überfahrt nach New York 1868

DAS VOLLSCHIFF „DEUTSCHLAND"

war der erste Paketsegler der Hapag, der 1848 nach Amerika segelte. Durch die Revolution von 1848 erfuhr das Auswandergeschäft einen sprunghaften Anstieg.

nämlich nichts. Es herrschte qualvolle Enge, aber noch schlimmer wog die mangelnde Aussicht auf Besserung.

In den USA traf Levi Strauss zwei seiner Halbbrüder an, die in New York bereits einen florierenden Textilhandel betrieben. In der pulsierenden Stadt, die Anlaufstelle für Menschen aus aller Welt war, fand sich Levi schnell zurecht. Dass er zunächst kaum Englisch sprach, war anfangs kein Hindernis. Die Stadt war voll von deutschen Einwanderern, mit denen man in der vertrauten Muttersprache reden und Geschäfte machen konnte.

Die Einwanderungswelle in die USA hatte in der Mitte des 19. Jahrhunderts einen Höhepunkt erreicht. Entlang landsmannschaftlicher Kontakte und familiärer Netzwerke hangelte man sich durch die Neue Welt. Es entstanden deutsche, polnische und irische Viertel. In der ersten Generation blieb man unter sich und heiratete auch untereinander. Deutsche Zeitungen und Bierlokale ließen zudem kein Heimweh aufkommen. Erst zwei bis drei Generationen später schaffte es der Schmelztiegel Amerika, diese ethnischen Gruppen einzugemeinden.

Strauss war gerade in New York angekommen, als die Nachricht von den ersten Goldfunden in Kalifornien in den Osten drang. Damals, im Jahr 1848, war San Francisco nichts weiter als ein verlassener Flecken Erde in der Mitte von nirgendwo. Eine Mission von Franziskaner-Mönchen und ein kleiner Hafen, der die Waren der Pelzjäger verschiffte, waren die einzigen Vorposten der westlichen Zivilisation.

Anders als viele seiner Landsleute jagte Strauss nicht dem schnellen Glück hinterher. Er lernte erst fünf Jahre bei seinen Brüdern in New York und beschloss dann, eine Niederlassung der Firma Strauss im Westen der USA zu gründen. Erst 1853, dem Jahr, in dem Strauss amerikanischer Staatsbürger wurde, folgte er dem der Goldsucher und zog nach San Francisco. Die bedeutendsten Goldadern waren damals bereits ausgebeutet, doch das war

Strauss egal, denn er plante, mit dem Verkauf von Spaten, Schaufeln und Kleidung sein Geld zu verdienen. Die vielen Menschen aus aller Welt, die San Francisco bevölkerten, versprachen gute Geschäfte für die Textilbranche der Gebrüder Strauss.

Wir wissen nicht, auf welchem Weg Levi Strauss sich in den Westen begeben hat. Die Eisenbahn über den Kontinent wurde erst gute zehn Jahre später gebaut und 1869 fertig gestellt. Hunderte Menschen, unter ihnen viele chinesische Gastarbeiter, bezahlten den Gewaltakt mit ihrem Leben. Wahrscheinlich hatte Strauss in New York etwas Geld gespart, um sich eine Schiffsüberfahrt nach Kalifornien leisten zu können. Die etwas günstigere Route führte um Kap Hoorn herum. Eine teurere, weil kürzere Schiffsverbindung, verlief über Panama – Umsteigen inbegriffen, denn der Panamakanal war noch nicht gebaut.

Wer es sich leisten konnte, vermied den Landweg. Er war strapaziös und lebensgefährlich. Wenn alles nach Plan lief, war die Tour in sechs Monaten zu schaffen. 16 Stunden pro Tag zu Fuß durch Indianergebiete, vorbei an schnell ausgehobenen Gräbern und Tierkadavern. Sandstürme und Trockenheit rafften das Vieh dahin und konnten die Reise um Wochen verzögern. Wer nicht bis Oktober sein Ziel an der Westküste erreicht hatte, war so gut wie verloren. Blizzards und eisige Kälte drohten. Die Siedler folgten auf dem Weg nach Westen festen Routen, den so genannten Trails. Die bedeutendsten waren der Oregon- und der Santa-Fe-Trail. Diese Wege glichen eher breiten Trampelpfaden als befestigten ausgebauten Straßen.

Als Levi Strauss in San Francisco eintraf, kam er in ein Tollhaus. Der Kontrast zu der armseligen, aber überschaubaren ländlichen Idylle im heimatlichen Buttenheim hätte größer nicht sein können. Glücksritter, Revolverhelden, Abenteurer und andere schillernde Persönlichkeiten aus aller Welt tummelten sich in der Stadt. Die Neuankömmlinge kampierten in

DER NEUE HAFEN IN BREMERHAVEN wurde 1869 mit einer neuen Wartehalle modernisiert.

Der 1857 in Bremen gegründete Norddeutsche Lloyd konkurrierte mit der 1847 ins Leben gerufenen Hamburg-Amerikanische Packetfahrt-Actien-Gesellschaft, kurz H.A.P.A.G.

Vor allem das beginnende Geschäft mit Auswanderern nach Amerika versprach hohe Gewinne. Um die Jahrhundertwende waren Hapag und Norddeutscher Lloyd zu den größten Reedereien der Welt aufgestiegen.

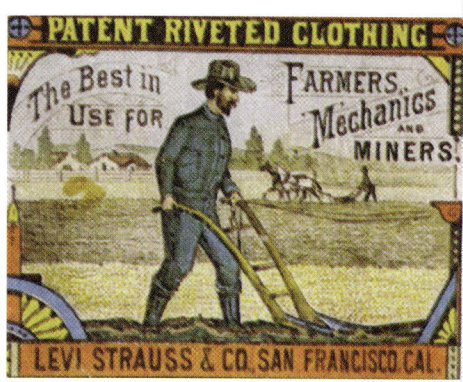

LEVI STRAUSS'S
WAIST OVERALL

wurde die Arbeitskleidung in Amerikas. Erst
ein Jahrhundert später wurde sie auch von der
Mode entdeckt.

Zelten und einfachen Holzhütten. Überall wurde gebaut und gehämmert. Die Stadt platzte förmlich aus allen Nähten. Bordelle und Spielhöllen waren die bevorzugten Freizeitattraktionen für die Goldsucher.

Strauss ließ sich von den zwielichtigen Gestalten, die nachts die Straßen unsicher machten, nicht irritieren. Kaum angekommen eröffnete er sein erstes Geschäft in der Sacramento Street. Er verkaufte Decken, Kleidung und Stoffe. In den Folgejahren expandierte sein Geschäft ständig. Ein Goldsucher brachte ihn auf die Idee, aus braunen Zeltplanen robuste Arbeitshosen zu schneidern. Später verwendete er indigogefärbten Denim. Die Blue Jeans war aus der Taufe gehoben.

Der Schneider Jacob Davis hatte im Jahr 1872 die Idee, Kupfernieten an den Nähten von Hosen einzusetzen. Das verhinderte, dass die Hosen bei starker Beanspruchung rissen. Die neue Hose wurde bald zu einem großen Erfolg. Allerdings fehlte Davis für die Umsetzung das nötige Kleingeld. Er wandte sich an Levi Strauss, und beide meldeten 1873 gemeinsam ein Patent an. Das Datum gilt als Geburtsstunde der „501 jeans". 20 Jahre lang schützte dieses Patent die Partner vor ungeliebten Nachahmern, genug Zeit, um sich als Marktführer zu etablieren. Zunächst hieß die aus dem festen blauen Denim-Stoff geschnittene Hose „Waist Overall". Sie wurde zur Arbeitshose per se.

Erst in den sechziger Jahren des zwanzigsten Jahrhunderts etablierte sich der Name „blue jeans". Ihren Siegeszug um die Welt traten die Jeans nach dem Zweiten Weltkrieg an. Amerikanische Soldaten brachten sie nach Europa. Die Hose wurde zum Kultobjekt und gleichzeitig zum Symbol amerikanischer Kultur. Das unkomplizierte Kleidungsstück verschaffte dem Lebensgefühl einer ganzen Generation Ausdruck. In der deutschen Nachkriegszeit wurde die Hose noch abfällig als „Nietenhose" bezeichnet.

Levi blieb seiner alten Heimat auch nach seinem einzigartigen Aufstieg verbunden. Als ob er sein nahes Ende geahnt hätte, machte er zwei Jahre vor

DIE STUDEBAKERS John Studebaker war 1852, im selben Jahr wie
Levi Strauss, vom Goldrausch nach Kalifornien gelockt worden. Zu spät
für einen, der kein Geld hatte, um sich in die bereits verteilten Claims einzu-
kaufen. Also verlegte er sich wieder auf das Handwerk, das er bestens

beherrschte – den Bau von Kutschen
und Wagen –, und machte ein kleines
Vermögen durch den Verkauf von
Wagen an Goldgräber.

Zusammen mit seinen Brüdern Henry
und Clement gründete John die
Studebaker Wagon Corporation.
Schnell wurden die drei zu den größten
Produzenten von Pferdekutschen in den
USA. Im Amerikanischen Bürgerkrieg
erwiesen sich die „Studebaker-
Kutschen" als besonders verlässliche
Fahrzeuge der Unionstruppen. 1902
stieg die Familie ins Automobilgeschäft
ein und gehörte bis zum Börsen-Crash
1929 zu den größten Automobilpro-
duzenten der USA. Erst 1966 wurde die
Produktion eingestellt. Bis zuletzt
waren Studebakers wegen ihres Designs
heiß begehrte Objekte der Rock-and-
Roll-Generation.

seinem Tod eine großzügige Spende, um den jüdischen Friedhof in Buttenheim renovieren zu lassen. Dank der Hilfe der Firma Levi Strauss ist auch
das Geburtshaus Levis in Buttenheim heute ein Museum.

Als Levi Strauss 1902 in San Francisco starb, stand das öffentliche Leben für
einen Moment still. Viele Geschäfte hatten am Tag seiner Beisetzung
geschlossen. Sein Tod im Alter von 72 Jahren war die Schlagzeile in den
Zeitungen. In seiner Totenrede würdigte Rabbi Jacob Voorsanger den
Verstorbenen als einen der erfolgreichsten Geschäftsleute und den größten
Menschenfreund der Stadt.

Nach Levis Tod wurde das Geschäft von seinen Neffen übernommen. Sein
Testament enthielt zahlreiche Zuwendungen an die Ärmsten der Armen.
Levi hatte zeitlebens nicht vergessen, wie sehr er selbst unter der Armut gelit-
ten hatte.

Noch heute wird die Firma Levi Strauss im Familienbesitz geführt. In der
Tradition von Levi haben viele seiner Nachkommen großzügige Stiftungen
gegründet, so etwa die Haas Business School der Stanford-Universität durch
Levis Urgroßneffen Walter Haas senior. Angehende Manager werden dort
im Sinne von Levi Strauss zu sozial verantwortlichem Verhalten erzogen.
Seine Großzügigkeit und sein Unternehmertum haben ihn zu einem Vorbild
für Generationen gemacht.

Sutters Tragödie

In der Zeit des Goldrauschs in Kalifornien wurden nicht nur enorme
Vermögen geschaffen und phantastische Erfolgsgeschichten geschrieben, es
ereigneten sich auch Tragödien wie die des Johann August Suter, der sich in
Amerika „Sutter" nannte.

**MINENARBEITER IN
KALIFORNIEN**

73

Der deutsch-schweizerische Abenteurer hatte in seiner Heimat derartig hohe Schulden zu begleichen, dass ihm nur noch der Weg ins Gefängnis offen stand. Sutter beschloss daher, zu fliehen und seine Frau und vier Kinder zurückzulassen. Er wanderte nach Amerika aus und führte dort das ruhelose Leben eines Desperados und Hochstaplers. Mal arbeitete er als Landarbeiter, mal als Pelzhändler.

Um 1840 fasste Sutter den Entschluss, nach Kalifornien zu ziehen, Land zu kultivieren und eine Kolonie zu gründen – Neu Helvetien. Es gelang ihm, dem spanischen Gouverneur von Mexiko ein großes unbesiedeltes Gebiet abzuhandeln. Russischen Pelzhändlern kaufte er die Ausrüstung für den Start ab. Gemeinsam mit sechs Indianern machte er sich von den Sandwich-Inseln per Schiff auf den Weg und warf an der Mündung des Sacramento Anker. Dort baute er eine befestigte Siedlung, die er Fort Sutter nannte. Schnell avancierte er zum ungekrönten König von Kalifornien. Er galt als der reichste Mann weit und breit und schien endlich seinen Frieden gefunden zu haben. Es kam sogar zur Wiedervereinigung und Aussöhnung mit seiner Familie.

Doch im Frühjahr 1848, zu Beginn des Goldrausches, erfuhr sein Leben abermals eine dramatische Wendung. Sutter hatte einen seiner Leute beauftragt, flussaufwärts eine Mühle zu bauen. Früher als geplant kam James W. Marshall aufgeregt zu Sutters Farm zurück, bat ihn um ein vertrauliches Gespräch und legte einen Nugget auf den Tisch. Sutter machte den Scheidetest – Gold!

Sutter beschwor Marshall, mit keinem Menschen über den Fund zu reden. Er ahnte, was seinem Lebenswerk drohte. Vergebens. Als Marshall und er die Fundstelle inspizierten, waren sie von Arbeitern beobachtet worden – der Geist war aus der Flasche. Die Nachricht vom Goldfund verbreitete sich wie ein Lauffeuer. Menschen aus aller Welt fielen wie Heuschrecken auf Sutters

Land ein. Kein Recht und Gesetz konnten die zu allem entschlossenen Goldsucher zwingen, seinen Grund und Boden zu respektieren. Sutters Land wurde verwüstet, sein Vieh geschlachtet, und auf seinen Obstplantagen verrotteten die Früchte. Sutter starb 1880, nachdem er alles verloren hatte.

Maximilian Prinz zu Wied und die ersten Expeditionen zu den Indianern

Eine ganz andere Art, den Wilden Westen zu erleben, war die Expeditionsreise des Prinzen Maximilian zu Wied im Jahre 1832. Nicht die blanke Not, sondern Abenteuerlust und Forscherdrang hatten den deutschen Adligen in die Neue Welt gebracht. Nicht, dass es sich dabei um eine luxuriöse Vergnügungsreise gehandelt hätte. Gefahren lauerten an jeder Ecke. Aber bei seiner Rückkehr im Jahr 1834 konnte er sich angemessen von den Entbehrungen erholen. Nie im Leben wäre er auf die Idee gekommen, sich in der Neuen Welt niederzulassen.

Wied war nicht der erste Deutsche, der eine Expedition in die Weiten Nordamerikas unternahm. Schon in den 20er Jahren des 19. Jahrhunderts reiste der Herzog Paul Wilhelm von Württemberg mit seiner Expedition entlang dem Missouri in das Innere Amerikas. Doch seine wertvollen Aufzeichnungen wurden im Zweiten Weltkrieg weitgehend zerstört. Daher verdanken wir Wied eine der schönsten und authentischsten Schilderungen des ursprünglichen indianischen Amerika.

Schon als Kind begeisterte sich Maximilian Wied für die Pflanzen- und Tierwelt seiner Heimat. Später vertiefte er sein Interesse durch ein Studium an der Universität Göttingen. Doch danach wurde Wied zunächst als preußischer Offizier in die Wirren der Befreiungskriege gezogen. Er kämpfte mit Auszeichnung gegen die napoleonische Armee. Unmittelbar darauf ging er,

CARL BODMER UND
MAXIMILIAN PRINZ ZU WIED

veröffentlichten ihre Erlebnisse in dem Buch: „Reise in das innere Nord-America in den Jahren 1832–1834“. Vor allem die Zeichnungen Carl Bodmers sind bis heute eine einzigartige Quelle für das Verständnis der indianischen Kultur Nordamerikas.

JOHANN JAKOB ASTOR
(1763–1848)

Der Einwanderer aus dem süddeutschen
Waldorf begründete mit dem Handel von
Pelzen den sagenhaften Reichtum der Astors.
Pelze waren damals das Rohöl Nordamerikas.
Astors Pelzhandelsgesellschaft stand in scharfer
Konkurrenz zu der legendären englischen
Hudson Bay Company, deren Mitbegründer der
deutsche Prinz Ruprecht von Pfalz
Zweibrücken war. Der Neffe des englischen
Königs Karl I. war auch der erste Gouverneur
der Hudson Bay Company. Ruprecht wurde
Namensgeber für ein riesiges Gebiet im
heutigen Kanada – Ruperts Land.
1803 kaufte Präsident Jefferson von Napoleon
das Gebiet in der Mitte der USA. Der
Kaufpreis für ein Drittel der heutigen USA ist
aus heutiger Sicht ein Schnäppchen – fünfzehn
Millionen Dollar. Nach dem so genannten
Louisiana Purchase konnte sich Astors amerikanische Gesellschaft endgültig gegen die britische Hudson Bay Company durchsetzen. John
Jakob Astor stand auf dem Weg zum damals
reichsten Mann der USA nichts mehr entgegen.

inspiriert von den bahnbrechenden Reisen Alexander von Humboldts, von 1815 bis 1817 auf Entdeckungsreise nach Brasilien.

Zu seiner zweijährigen Expedition nach Nordamerika brach er 1832 auf. Begleitet wurde er von seinem Hofjäger David Dreidoppel und dem Schweizer Maler und Zeichner Carl Bodmer. In Boston gelandet, suchten die drei an der Ostküste zu dieser Zeit vergebens nach Indianern. Der Druck der westlichen Zivilisation hatte bereits alle Spuren ihrer Kultur verwischt. Der ungebrochene Strom neuer Siedler verlangte nach immer mehr Grund und Boden – Land, von dem die Indianer weichen mussten. Um das Land im Westen zu erschließen, hatte der amerikanische Kongress Meriwether Lewis und William Clark damit beauftragt, den Landweg in den Westen zu erkunden. Die Expedition dauerte von 1803 bis 1806. Die Kultur und die Belange der Indianer hatten für Lewis und Clark nicht den gleichen Stellenwert, wie sie ihn für Wied und Bodmer hatte.

1828 begann die wohl größte Massenvertreibung des 19. Jahrhunderts, die Zwangsumsiedlung der Indianer in Reservate westlich des Mississippi. Was der weiße Mann nicht durch Vertreibungen besorgen konnte, das erreichten Pest und Cholera. Siedler hatten die Krankheiten einsgeschleppt. Sie rafften Tausende Indianer dahin.

Erst in St. Louis begegneten Wied und seine Gefährten den ersten Indianern. Entlang den Flüssen Mississippi, Missouri und dem Ohio führte die Wied-sche Expedition immer tiefer in das Innere Amerikas. Unermüdlich notierten, sammelten und skizzierten Wied und Bodmer, was sie sahen und erlebten. Wied wurde Zeuge, wie aufgebrachte Indianer Fort McKenzie überfielen. Nur knapp entgingen er und seine Begleiter todbringenden Gefahren. Krankheiten und die ständige Angst, von Indianern überfallen zu werden, waren keine einfachen Arbeitsbedingungen.

Ein Kontakt aus Göttinger Studententagen trug zu dem Erfolg der

Expedition maßgeblich bei – William Backhouse Astor, der Sohn des legendären Johann Jakob Astor, der die American Fur Trading Company betrieb. Vermutlich wäre Wieds Reise gescheitert, hätte er nicht die zahlreichen Handelsstationen nutzen können, die sein reicher Freund an den großen Flüssen unterhielt.

Bis in die heutige Zeit sind die noch lebenden Stämme der nordamerikanischen Indianer dem Haus Wied für ihren großen Erforscher dankbar. Die Ureinwohner Amerikas gaben ihre Geschichte nur mündlich weiter. Wieds Aufzeichnungen sind eines der wenigen erhaltenen Zeugnisse einer nahezu ausgerotteten Kultur.

Die Donner-Party

Erfolgsgeschichten wie die von Levi Strauss oder der Studebakers waren nur die eine Seite der Medaille zur Zeit des Goldrauschs in Amerika. Ebenso konnte die Realität des Wilden Westens die Hoffnung auf ein besseres Leben brutal zunichte machen. Die Geschichte des Donner-Trecks ist zur abschreckenden Legende geworden. Sie zeigt, welche Risiken die Einwanderer auf sich nahmen, um ihren amerikanischen Traum zu verwirklichen.

George und Jakob Donner waren die Anführer einer 91-köpfigen Gruppe, die die beschwerliche und strapaziöse Reise gen Westen auf dem California Trail wagte. Sechs Monate sollte die gefährliche Wanderung durch die Indianergebiete dauern – vom Frühling bis zum Herbst. Sobald der Winter einsetzte, liefen die Trecker Gefahr, durch eisige Kälte umzukommen.

Die Gruppe war im April 1846 aufgebrochen, ein Jahr bevor der Goldrausch seine Kräfte entfaltete. Unter ihnen war auch die Familie des deutschen Einwanderers Lewis Keseberg. Im Frühsommer war die Gruppe vor der

HENRY VILLARD (1835–1900)
kam als Heinrich Hilgard in die Vereinigten Staaten. Zunächst arbeitete Villard als Journalist. Später gehörte er zu den Mitbegründern der Eisenbahn in den Westen.

THE OREGON TRAIL
(ALBERT BIERSTADT, 1830–1902)

Bierstadt war mit seinen Eltern im Alter von drei
Jahren in die USA gekommen. Er besuchte
die Kunstakademie in Düsseldorf und wurde vor allem
als Landschaftsmaler berühmt. Seine
Bilder des noch unerschlossenen Westens der USA
haben eine nicht zufällige Ähnlichkeit mit
Motiven aus den Alpen, der Maler liebte die Berge.
Das Bild oben zeigt Siedler mit ihren Conestoga-
Wagen auf dem Weg nach Westen.

heutigen Stadt Salt Lake City angekommen. Doch anstatt auf dem California Trail weiterzumarschieren, trafen sie eine fatale Entscheidung. Eine Abkürzung quer durch die große Salzwüste sollte die Reise um 350 Meilen verkürzen. Eine unwiderstehliche Verlockung für Menschen, die bereits seit drei Monaten unterwegs waren. Es war ein folgenschwerer Schritt, der im Fiasko enden sollte.

In der Dürre der Salzwüste verlor die Donner-Party ihr gesamtes Vieh und viele ihrer Zugochsen. Um dem sicheren Tod zu entgehen, gab es nur noch einen Ausweg: zurück zum California Trail. Wagen und Ausrüstung mussten teilweise zurückgelassen werden. Die wenigen verbliebenen Ochsen konnten andernfalls die Last nicht mehr ziehen. Als man den bewährten Weg wieder erreichte, waren wertvolle Wochen verloren. Jetzt drohte der Gruppe der erbarmungslose Winter der Sierra Nevada. Es war wie verhext – in diesem Jahr, 1846, setzte der Winter ungewöhnlich früh ein. Im Oktober war die Gruppe in der Nähe der heutigen Stadt Reno angelangt – von dort war es nur noch einen Katzensprung bis in das sichere Fort von Johann August Sutter. Forts boten den einzigen zuverlässigen Schutz vor Indianern, wilden Tieren und Unwettern.

Versuche, über den Pass zu kommen, der heute den Namen Donners trägt, scheiterten am Schnee. Man richtete sich darauf ein, den Winter über am Pass zu kampieren, um dann im Frühjahr endlich in das Land der Träume zu gelangen. Aus der Reisegruppe war jedoch längst ein zerstrittener Haufen demoralisierter und verzweifelter Menschen geworden. Jeder war sich jetzt selbst der Nächste. Es ging ums nackte Überleben. Kurzfristig kam Erleichterung auf: Einem Mitglied der Gruppe war es gelungen, Proviant aus Fort Sutter herbeizuschaffen.

Als sich im Dezember der Schnee zu immer höheren Bergen auftürmte, wagte eine Gruppe von zehn Männern und fünf Frauen einen verzweifelten

Mit dem Goldrausch begann die Erschließung des Westens. Immer mehr Menschen machten sich auf den mühevollen und gefährlichen Weg nach Kalifornien. Als ideales Transportmittel erwies sich der von deutschen Einwanderern erfundene Conestoga-Planwagen. Der Wagen war preußisch blau angestrichen und ähnelte der Form eines Bootes. Darüber wölbte sich eine weiße Zeltplane. Die Räder waren leuchtend rot gestrichen. Es wird sogar behauptet, dass diese Farbgebung Einfluss auf die Farben der amerikanischen Fahne hatte. Seine Robustheit und sein großes Fassungsvermögen machten ihn zum Volkswagen des Wilden Westens. Für die Pioniere wurde der Conestoga rasch zum Symbol für den langen Treck. Sie verluden ihr gesamtes Hab und Gut in die geräumigen Wagen und überquerten mit ihnen den riesigen Kontinent. Der Conestoga war groß genug, um den gesamten Haushalt einer Familie in sich aufzunehmen. Er beförderte Hausrat, Bekleidung, Wasserfässer, Saatgut, Werkzeuge und Ackergerät und Unmengen von Vorräten für den langen Weg in die neue Heimat. Ohne den Conestoga wäre eine derart schnelle Besiedlung des amerikanischen Westens überhaupt nicht möglich gewesen.

Ausbruchsversuch. Schon nach fünf Tagen war der einzige Mann, der den Weg kannte, an Schneeblindheit erkrankt und völlig erschöpft. Er blieb zurück und erfror. Einen Monat später erreichten alle fünf Frauen, aber nur zwei der Männer eine Siedlung. Sie konnten nur überleben, weil sie die Leichen der anderen gegessen hatten.

Die Rettung für den Rest der Gruppe, die immer noch im Schnee kampierte, lief nur langsam an. Es war schwierig, in diesen Zeiten Männer zu finden, die helfen konnten. Die jungen USA und Mexiko befanden sich im Krieg um Kalifornien. Endlich gelang es im Februar einem Trupp von sieben Männern, zu der Gruppe vorzustoßen. Einige waren bereits verhungert. Auch diesmal konnten nicht alle Menschen in Sicherheit gebracht werden. Nur die kräftigsten sowie einige Kinder kamen mit. Im März konnten in zwei weiteren Rettungsaktionen alle Menschen bis auf drei gerettet werden. Tamsen Donner war mit Keseberg zurückgeblieben, weil sie ihren im Sterben liegenden Mann nicht allein zurücklassen wollte. Keseberg war wegen einer Fußverletzung dem Marsch nicht gewachsen.

Im April traf eine letzte Expedition ein, um das zurückgebliebene Hab und Gut der Siedler zu bergen. Sie machten eine grausame Entdeckung. Sie trafen auf den völlig verwahrlosten und geistig verwirrten Keseberg. Neben ihm fanden sie die abgenagten Knochen von Tamsen Donner. Zeitlebens musste Keseberg mit dem Verdacht leben, Tamsen Donner getötet zu haben, um selbst zu überleben. Als Hotelier und Vater von acht Kindern führte er ein nach außen hin normales Leben. Doch die Erlebnisse am Donner-Pass hat er wahrscheinlich nie verarbeitet. Von den 91 Mitgliedern der Gruppe überlebten lediglich 49 Menschen.

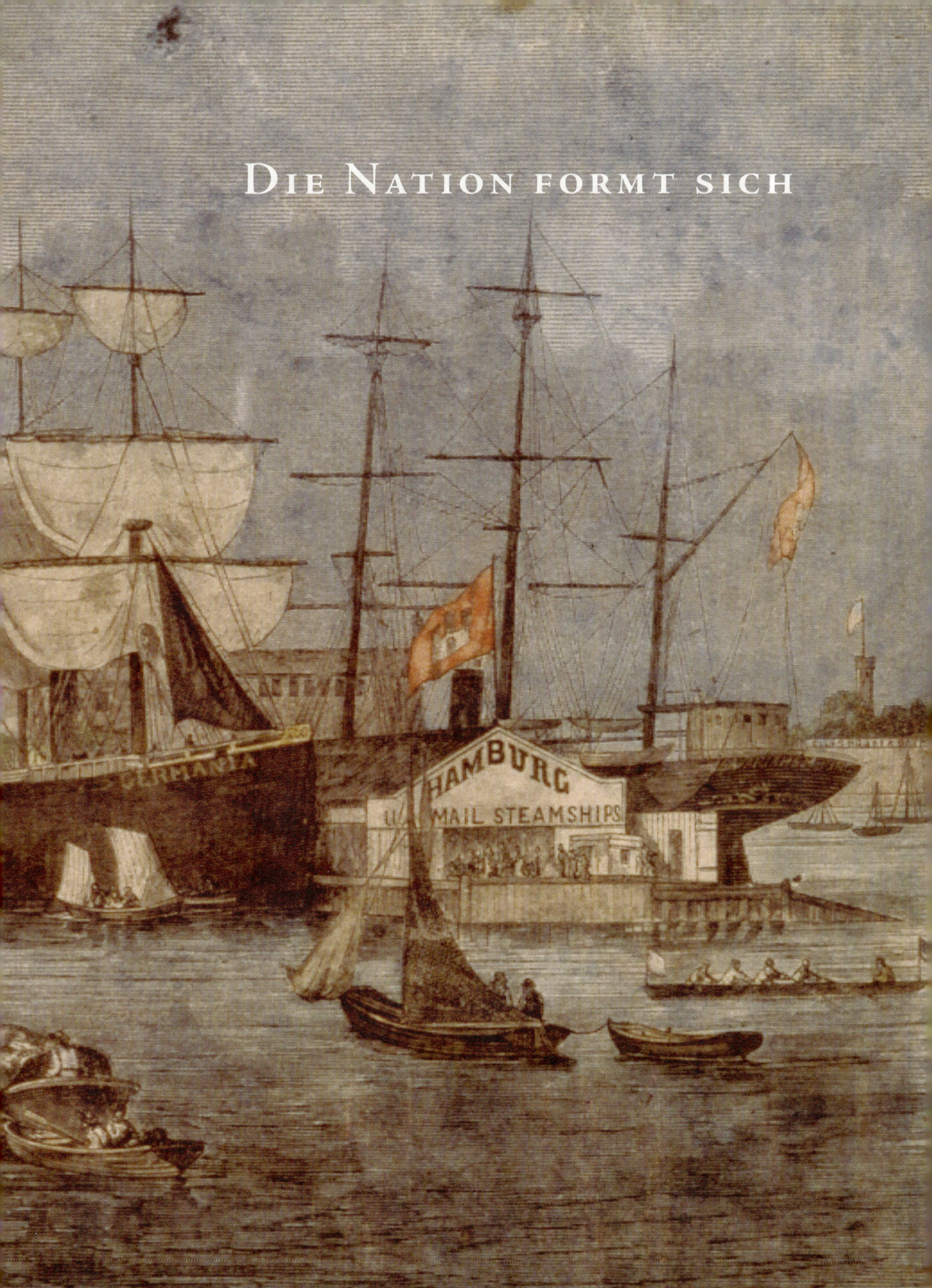

DIE NATION FORMT SICH

SCHLOSS GRACHT
AM NIEDERRHEIN

Hier wurde Carl Schurz als Sohn
eines Lehrers geboren.

CARL SCHURZ UND DIE DEUTSCHEN REVOLUTIONÄRE IN DEN USA

„Ideale sind wie Sterne. Wir erreichen sie niemals, aber wie die Seefahrer
auf dem Meer richten wir unseren Kurs nach ihnen." Carl Schurz

Als junger Mann gehörte Karl Schurz (später Carl) zu den meistgesuchten Revolutionären in Preußen. Er entkam nach der Revolution von 1848/49 unter abenteuerlichen Umständen über Frankreich und die Schweiz nach London, von wo aus er in die USA übersiedelte. Als Politiker und Publizist erlangte Schurz dort so großen Einfluss, dass er maßgeblich Anteil am Wahlsieg Abraham Lincolns hatte. Er setzte sich gegen die Sklaverei ein und für die Eingliederung der Indianer in die amerikanische Gesellschaft. Durch sein Wirken erlangte er die Hochachtung Bismarcks, der sich zu dem Ausspruch hinreißen ließ: „Als Deutscher bewundere ich ihn." 20 Jahre nach seiner spektakulären Flucht wurde Schurz von Bismarck höchstpersönlich nach Berlin eingeladen. So konnte der ehemals gesuchte Revolutionär frei einreisen und wurde von Bismarck sogar seinen ehemaligen Verfolgern vorgestellt.
Carl Schurz und seine Mitstreiter aus der 48er-Revolution waren unter den Millionen deutscher Einwanderer in die USA eine zahlenmäßig verschwindend kleine Gruppe. Ihr Einfluss auf die Geschicke der Vereinigten Staaten war jedoch unvergleichlich größer. Sie gaben den deutschen Einwanderern eine politische Stimme und beeinflussten das gesellschaftliche und kulturelle Leben nachhaltig. In den USA verwirklichten sie ihren Traum von einem starken Nationalstaat und einer freiheitlichen Demokratie. Schurz wurde von einem der prominentesten Vertreter der 48er-Generation zu einem der bekanntesten Deutsch-Amerikaner.

*4

Karl Schurz wurde 1829 in Liblar im Rheinland geboren und wuchs in einfachen Verhältnissen auf, auch wenn sein Geburtsort, das Schloss Gracht der Grafen Metternich, eine andere Vorstellung weckt. Sein Großvater war ein Angestellter des Grafen, und die junge Familie Schurz fand bei den Schwiegereltern ihre erste Bleibe. Zeitlebens musste Schurz klarstellen, dass er nicht adliger Herkunft war. Für einen Revolutionär und Demokraten wäre das ein echtes Handicap gewesen. Die vier Geschwister Schurz hatten eine glückliche Kindheit, die allerdings von dem Tod des Bruders Heribert überschattet wurde.

Schurz' Vater war Lehrer. Er schickte seinen Sohn auf das Kölner Gymnasium, weil ihm in der rheinischen Provinz keine adäquate Ausbildung geboten werden konnte.

Politisch schienen die Verhältnisse stabil zu sein, doch unter der Oberfläche brodelte es. Nach den Freiheitskriegen und dem Sieg über Napoleon 1814 wurde das Rheinland zu einer preußischen Provinz. Protestanten herrschten über ein katholisches Land. Eine Verbindung, die bei den Rheinländern auf wenig Sympathien stieß.

In den Freiheitskriegen hatte die Jugend Deutschlands nicht nur gegen die französische Besatzung gekämpft, sondern auch für die nationale Einheit. Dieser Wunsch wurde nicht erfüllt. Ein repressiver Überwachungsstaat sicherte den Erhalt der alten Ordnung. Wo sich Widerstand gegen die althergebrachten feudalen Strukturen regte, drohte eine Anzeige durch die zahllosen Spitzel. Das System hatte einen Namen – Metternich. Er war der verhasste Gegner der fortschrittlich denkenden Menschen.

In dieser Atmosphäre nahm Schurz nach dem Abitur das Studium auf. Zum Wintersemester 1847/48 schrieb er sich an der Universität Bonn ein. Unter den Professoren, die ihn besonders beeindruckten, waren Ernst Moritz Arndt, der Dichter der Freiheitskriege, und Friedrich Christof Dahlmann. Er

ABRAHAM LINCOLN (1809–1865)
zählte Carl Schurz zu seinen politischen
Freunden. Schurz sicherte Lincoln durch seine
Wahlkampfunterstützung einen Großteil der
deutschen Stimmen für seine Wahl zum
Präsidenten 1860. Die berühmte „Emancipation
Proclamation", in der Lincoln die Sklaverei für
immer beendet erklärte, ging auch auf den
Einfluss von Carl Schurz zurück. Lincoln wurde
am Karfreitag des Jahres 1865 von dem
Schauspieler John Wilkes Booth ermordet. Unter
den Mittätern, die den Anschlag geplant hatten,
war auch der aus Deutschland eingewanderte
Georg Atzerodt, der zusammen mit den anderen
Delinquenten gehängt wurde.

war einer der Göttinger Sieben, die ihr Verlangen nach einer Verfassung mit dem Exil bezahlen mussten. Am meisten jedoch war Schurz von Gottfried Kinkel beeindruckt, der in Bonn deutsche Literatur und Kunstgeschichte lehrte. Bald ging Schurz bei den Kinkels ein und aus. Kinkels Frau Johanna war eine zu ihrer Zeit bekannte Pianistin. Schurz teilte mit ihr die Passion für das Klavierspielen. Noch mehr aber verband ihn eine enge Freundschaft mit seinem Lehrer.

Das Studentenleben der damaligen Zeit hatte nichts mit dem universitären Massenbetrieb von heute zu tun. Studenten und Lehrer kannten sich persönlich und hatten viel Zeit, ihre Gedanken auszutauschen. Das Ehepaar Kinkel war im damaligen Bonn eine Institution. Der von ihnen gegründete spätromantische Maikäferbund bildete den äußeren Rahmen für ein geselliges literarisches Zusammentreffen. Bonn hatte damals nur etwa 12000 Einwohner, und das Leben war ruhig. In dem nahe gelegenen Siebengebirge konnten die Menschen die Natur noch unzersiedelt, aber gezähmt genießen. Aus den Heckenschenken am Rhein erklangen Rheinweinlieder, die damals gerade in Mode kamen.

In Bonn bestimmten die Studenten das Bild der Stadt. Nahezu jeder Student war in einer Verbindung. So trat auch Schurz in ein Corps ein. Es wurde viel politisiert, und nicht selten waren die Köpfe vom Alkoholgenuss erhitzt. Das alles beherrschende Thema war die Frage der nationalen Einheit und die Forderung nach demokratischen Reformen.

An den Universitäten gärte es. Zu oft schon waren die Studenten an der restaurativen und restriktiven Haltung des Metternich-Systems gescheitert. Aber nicht nur dort, sondern in ganz Deutschland staute sich die Wut über die jahrelange Bespitzelung durch die Geheimpolizei, über Zensur und die Unterdrückung demokratischer Reformen. Allen Protesten gemeinsam war der Wunsch nach einem deutschen Nationalstaat. Überall im Land fanden

HAYMARKET SQUARE RIOT

Viele deutsche Einwanderer engagierten sich besonders stark für die Sache der Arbeiter. Der Ruf der Gewerkschaften litt, als eine Bombe während einer Demonstration am Chicagoer Haymarket Square explodierte. Die Polizei schoss in die Menge, und in der Folge wurden drei Deutsche gehängt. Allerdings konnte die Identität des Bombenwerfers nie festgestellt werden.

Demonstrationen und Versammlungen statt. Schurz ließ sein Studium ruhen und agitierte in Bonn und Umgebung. Zusammen mit seinem Freund Kinkel war er einer der Mitbegründer der Demokratischen Gesellschaft. Der Klub gab die „Bonner Zeitung" heraus, für die Schurz regelmäßig schrieb. Es war der Beginn seiner publizistischen Tätigkeit, die sich wie ein roter Faden durch sein weiteres Leben zog.

Das Bürgertum wandte sich immer stärker liberalen und nationalen Ideen zu. Die wachsende Unruhe entlud sich schließlich in der Märzrevolution von 1848, die in Österreich die Entlassung Metternichs erzwang. In Deutschland trat eine aus demokratischen Wahlen hervorgegangene Nationalversammlung in der Paulskirche in Frankfurt am Main zusammen. Die Versammlung beschloss im Frühjahr 1849 eine liberale Reichsverfassung und wählte den preußischen König zum Kaiser seines deutschen Nationalreiches. Als dieser die mit dem „Ludergeruch der Revolution" behaftete Krone nicht annahm, brachen die Unruhen erneut aus. Die Nationalversammlung wurde aufgelöst.

Schurz sah in dieser Situation keine andere Wahl, als mit Waffen für seine Überzeugungen zu kämpfen. Ein aussichtsloses Unterfangen. Zu erdrückend war die preußische Militärmacht und zu gering der Rückhalt in der Bevölkerung. Die letzte Bastion der aufständischen Demokraten war die Festung Rastatt in Baden. Auch Karl Schurz und sein Freund Kinkel waren in der belagerten Festung auf verlorenem Posten. Als am 23. Juli 1849 die Festung fiel, war die Revolution niedergeschlagen.

Nach der Kapitulation fällten Standgerichte 19 Todesurteile. Schurz konnte mit einer Verurteilung wegen Hochverrats rechnen. Sein Name stand auf der Fahndungsliste der Polizei. Geistesgegenwärtig gelang es ihm jedoch, in allerletzter Sekunde durch einen Abwasserkanal unbemerkt aus der Festung zu fliehen und sich auf das rettende französische Rheinufer durchzuschlagen.

CARL SCHURZ

spielt dem Präsidenten Rutherford B. Hayes und seiner Familie im Weißen Haus ein Klavierstück vor. Schurz war der einflussreichste deutsche-amerikanische Politiker der USA im 19. Jahrhundert. Der Journalist, Politiker und Bürgerkriegsgeneral war Berater fast aller US-Präsidenten seiner Zeit.

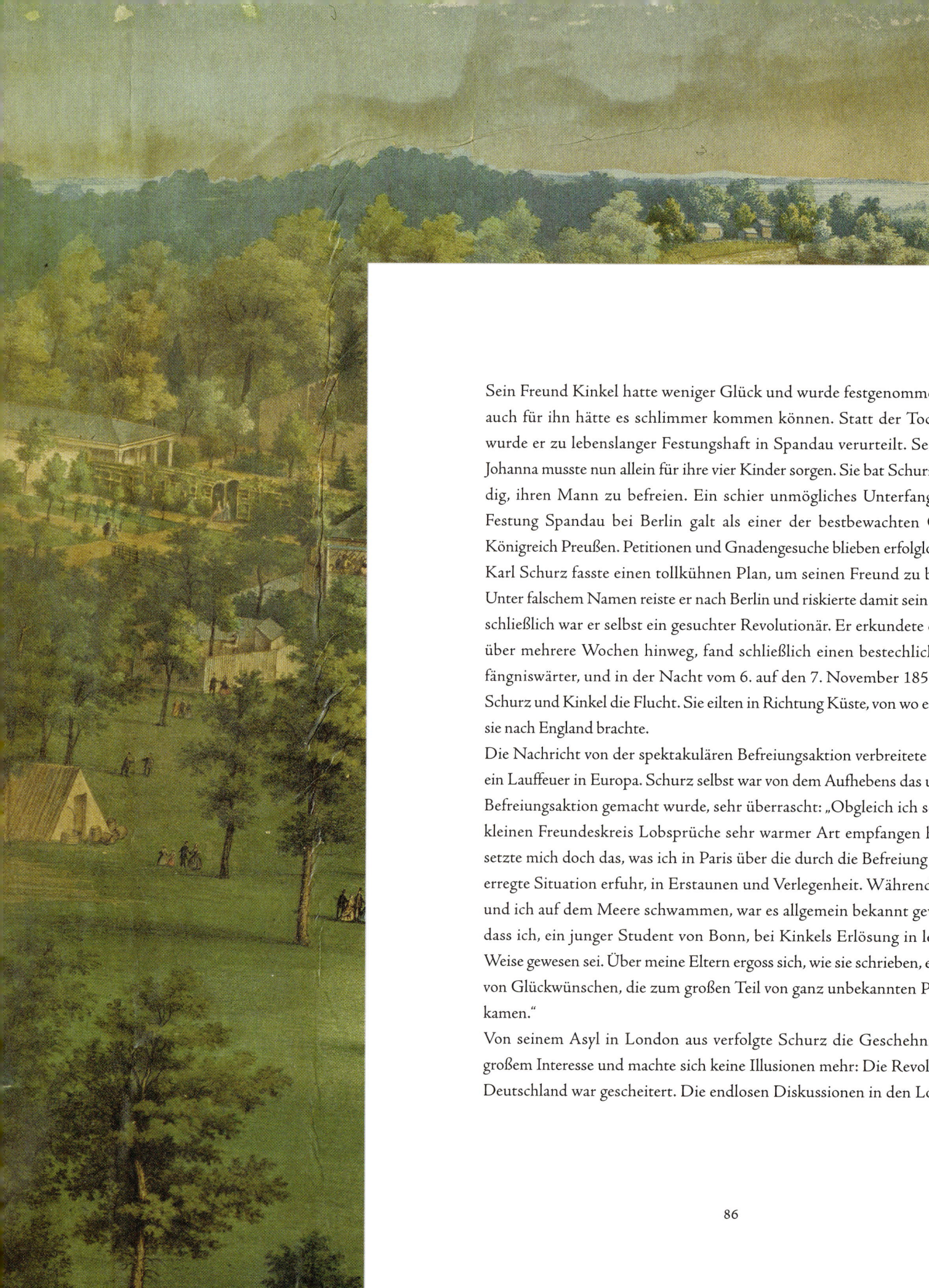

Sein Freund Kinkel hatte weniger Glück und wurde festgenommen. Aber auch für ihn hätte es schlimmer kommen können. Statt der Todesstrafe wurde er zu lebenslanger Festungshaft in Spandau verurteilt. Seine Frau Johanna musste nun allein für ihre vier Kinder sorgen. Sie bat Schurz inständig, ihren Mann zu befreien. Ein schier unmögliches Unterfangen. Die Festung Spandau bei Berlin galt als einer der bestbewachten Orte im Königreich Preußen. Petitionen und Gnadengesuche blieben erfolglos.

Karl Schurz fasste einen tollkühnen Plan, um seinen Freund zu befreien. Unter falschem Namen reiste er nach Berlin und riskierte damit sein Leben – schließlich war er selbst ein gesuchter Revolutionär. Er erkundete die Lage über mehrere Wochen hinweg, fand schließlich einen bestechlichen Gefängniswärter, und in der Nacht vom 6. auf den 7. November 1850 gelang Schurz und Kinkel die Flucht. Sie eilten in Richtung Küste, von wo ein Schiff sie nach England brachte.

Die Nachricht von der spektakulären Befreiungsaktion verbreitete sich wie ein Lauffeuer in Europa. Schurz selbst war von dem Aufhebens das um seine Befreiungsaktion gemacht wurde, sehr überrascht: „Obgleich ich schon im kleinen Freundeskreis Lobsprüche sehr warmer Art empfangen hatte, so setzte mich doch das, was ich in Paris über die durch die Befreiung Kinkels erregte Situation erfuhr, in Erstaunen und Verlegenheit. Während Kinkel und ich auf dem Meere schwammen, war es allgemein bekannt geworden, dass ich, ein junger Student von Bonn, bei Kinkels Erlösung in leitender Weise gewesen sei. Über meine Eltern ergoss sich, wie sie schrieben, eine Flut von Glückwünschen, die zum großen Teil von ganz unbekannten Personen kamen."

Von seinem Asyl in London aus verfolgte Schurz die Geschehnisse mit großem Interesse und machte sich keine Illusionen mehr: Die Revolution in Deutschland war gescheitert. Die endlosen Diskussionen in den Londoner

Asylanten-Kreisen frustrierten ihn, und im politischen Leben Englands konnte er nicht Fuß fassen. Im August 1852 bestieg er ein Schiff mit Kurs auf Amerika. Er hatte allen Grund zur Zuversicht. Er war frisch verliebt. Noch vor der Abreise hatte er geheiratet: Margarethe Meyer aus Hamburg war eine bemerkenswerte Persönlichkeit – aufgeklärt, modern und finanziell unabhängig.

Das junge Paar zog zunächst nach Philadelphia. Schurz setzte alles daran, die englische Sprache so schnell wie möglich zu erlernen. Die Sprache und die Spielregeln der neuen Heimat anzunehmen und gleichzeitig die deutsche Kultur zu erhalten waren zeitlebens sein Credo. Ihn begeisterten die vielen Möglichkeiten, die sich auftaten. Seine Leidenschaft gehörte jedoch der Politik. Viele seiner 48er-Genossen versuchten, von Amerika aus Geld und Unterstützung für die Revolution in Deutschland zu bekommen. Ein Vorhaben, das Schurz schnell aufgab. Er hatte sich entschlossen, in der neuen Heimat seine demokratischen und persönlichen Ideale zu verwirklichen. Die zahlreichen deutschen Einwanderer waren eine politische Größe, die ihn bis in höchste Ämter tragen konnte.

Die meisten Deutschen siedelten im so genannten Mittleren Westen. Auch die Familie Schurz, der inzwischen eine Tochter geboren wurde, zog es dort-hin. In Watertown, Wisconsin, bewohnten sie eine kleine Farm. Neben der starken deutschen Gemeinde sprach ein anderer wichtiger Grund für Wisconsin. Der erst 1848 gegründete Staat gab seinen Bürgern sofort die vollen Bürgerrechte und damit das Wahlrecht ohne die sonst übliche fünf-jährige Wartezeit. Für Schurz bot sich hier das beste Betätigungsfeld für seine politischen Ambitionen.

Die deutschen Einwanderer waren vor der Gründung der Republikanischen Partei in der Regel treue Anhänger der Demokraten. Bei den Gegenspielern der Demokraten, den so genannten Whigs, hatten sich fremdenfeindliche

Thomas Nast (1840–1902)

war der bedeutendste politische Karikaturist
Amerikas. Er schuf bis heute gültige Symbole, wie
den Elefanten, den er in seinen Zeichnungen zum
Erkennungsmerkmal der Republikaner machte, sowie
den Esel, der die Demokraten darstellte.
Als Chefkarikaturist des einflussreichen Magazins
„Harper's Weekly" war er maßgeblich am Wahlsieg
der Präsidenten Abraham Lincoln, Ulysses S. Grant
und Grover Cleveland beteiligt. Weltweit bekannt ist
seine Schöpfung des Santa Claus geworden, die
amerikanische Version der deutschen
Weihnachtsmann- und Nikolaustradition. Nast war
im Alter von sechs Jahren mit seiner Familie aus dem
pfälzischen Landau in die USA aufgebrochen.

Nasts Erfindung
des Santa Claus

*wurde durch
den amerikanischen Getränkekonzern Coca-
Cola zu einem weltweiten Markenartikel.
Coca-Cola beauftragte den Designer Haddon
Sundblom 1931 mit dem Entwurf eines Bildes
von Santa Claus, das heute alljährlich die
kommerziellen Weihnachtsaktivitäten begleitet.*

Stimmungen herausgebildet. Auch Absichten, das Wahlrecht für Zuwanderer erst nach einer langen Wartezeit zuzulassen, stießen bei den Deutschen
auf harsche Kritik. Die alteingesessenen Amerikaner wiederum sorgten sich
vor Überfremdung vor allem durch Deutsche und Iren.

Nachdem Schurz sich in Wisconsin niedergelassen hatte, wäre es für ihn
nahe liegend gewesen, sich bei den Demokraten zu engagieren. Aber Schurz
war unkonventionell und entschied sich für die neu gegründete Republi-
kanische Partei. Sie war wie er gegen die Sklaverei, und zudem kalkulierte
Schurz politisch: Wenn es ihm gelang, die deutschen Siedler für die Republikaner zu gewinnen, stieg sein Einfluss in der neuen Partei.

1858 lernte er Abraham Lincoln kennen. Dieser kämpfte im benachbarten
Staat Illinois für die Republikaner um den Sitz im Senat. Da in Illinois der
Anteil der deutschen Bevölkerung extrem hoch war, bat Lincoln Schurz um
seine Unterstützung. Dieser hatte sich einen Ruf als herausragender Redner
erworben, der einen Großteil der Deutsch-Amerikaner hinter sich vereinte.
Lincoln gewann die Wahl zum Senat, und in der Folgezeit entwickelte sich
zwischen den beiden Männern eine enge politische Freundschaft.

Schurz unterstützte Lincoln während der Präsidentschaftswahlen des Jahres
1860 ebenfalls tatkräftig. Nach dessen Sieg forderte er eine gerechte
Belohnung für sein Engagement. Zunächst bot Lincoln ihm einen Bot-
schafterposten in Südamerika an, doch Schurz war das zu wenig. Er wollte
nach Europa. Auf massiven Druck des deutschen Kontingents in der
Republikanischen Partei wurde Schurz zum Botschafter in Spanien ernannt.
Eine Blitzkarriere, selbst für damalige Verhältnisse.

In Madrid fühlte sich Schurz allerdings nicht wohl. Das Zeremoniell am
Hofe von Königin Isabella II. war seine Sache nicht. Die Familie nahm er auf
diesen Auslandsposten nicht mit. Margarethe war erkrankt und ging
während dieser Zeit mit den Kindern nach Hamburg zu ihren Verwandten.

Bereits in den 50er Jahren hatte die Sklavenfrage für Spannungen zwischen Nord- und Südstaaten gesorgt. Ursprünglich hatte man sich 1820 in den so genannten Missouri-Kompromissen darauf geeinigt, die Sklaverei in den Staaten zu tolerieren, in denen sie bereits praktiziert wurde. Mithin war sie in den südlichen Staaten erlaubt, in den nördlichen Staaten verboten. Durch die Ausweitung der USA auf neue Territorien wurde eine Neuregelung nötig. 1850 hatte eine Reihe von Gesetzen einen fragilen Ausgleich zwischen Norden und Süden hergestellt. Doch ein neues Gesetz, der so genannte Kansas-Nebraska-Act von 1854, drohte die Balance zwischen dem sklavenhaltenden Süden und dem sklavenfreien Norden auszuhebeln. Danach sollte es in den neuen Staaten Kansas und Nebraska erlaubt sein, bei Wahlen für oder gegen die Sklaverei zu stimmen. Das Gesetz ermöglichte also die Sklaverei in bisher sklavenfreien Gebieten.

Abraham Lincoln war davon überzeugt, dass sich auf Dauer die Trennung zwischen dem sklavenhaltenden Süden und dem freien Norden nicht durchhalten: „A House divided against itself cannot stand. I believe this government cannot endure permanently half slave half free." Daher hatte er die Präsidentschaftswahl zu einer Abstimmung für oder gegen die Sklaverei gemacht.

Als Lincoln 1861 zum Präsidenten der USA gewählt wurde, führte dies zur Sezession der Südstaaten. Sie nannten sich nun „Konföderierte Staaten von Amerika" und wählten ihren eigenen Präsidenten.

Die Sklavenfrage war dort eine Frage des wirtschaftlichen Überlebens. Die großen Plantagen ließen sich nur mit Hilfe der billigen Arbeitskräfte profitabel bewirtschaften. Neben den menschlichen Motiven waren auch bei den Nordstaaten wirtschaftliche Beweggründe im Spiel: Die kleinen bäuerlichen Betriebe im Mittleren Westen und die neuen Staaten hätten mit großen Sklavenbetrieben nicht konkurrieren können.

Die Sezession der Südstaaten ermöglichte es Lincoln, den Bürgerkrieg um die Einheit der Nation und nicht nur um die umstrittene Sklavenfrage zu führen.

Wegen schlechter Führung und Korruption kam die große materielle Überlegenheit der Nordstaaten in den ersten Kriegsjahren nicht zur Geltung. Erst die seit 1863 immer wirksamer werdende Seeblockade, das Fehlen innerer Ressourcen sowie das Schwinden der Finanzierungs- und Ernährungsgrundlagen führten zur Schwächung der südstaatlichen Widerstandskraft. Für den Süden verlustreiche Schlachten entschieden den Krieg schließlich 1865.

Schurz begann, sich in Spanien mit dem Studium militärischer Werke zu beschäftigten.

Als sich 1861 der Konflikt zwischen Nord- und Südstaaten Amerikas zum offenen Bürgerkrieg entwickelte, brannte Schurz darauf, nach Amerika zurückzukehren. Er bedrängte Lincoln, ihn von seinem verlorenen Vorposten in den Mittelpunkt des Geschehens zurückzuholen. Seine Bitten wurden erhört. Zu Beginn des zweiten Kriegsjahres nahm er als Brigadegeneral am Sezessionskrieg teil.

Lincoln war entschlossen, die Einheit der amerikanischen Nation zu wahren. Die Sklavenfrage war für ihn zunächst nur zweitrangig. In einem Brief an Horace Greely vom 22. August 1862 äußerte sich Lincoln dazu: „Mein oberstes Anliegen in diesem Zwist ist, die Union zu erhalten, und ist nicht, die Sklaverei zu erhalten oder zu zerstören. Wenn ich die Union erhalten könnte, ohne einen einzigen Sklaven zu befreien, würde ich es tun; und wenn ich sie erhalten könnte, indem ich alle Sklaven befreite, würde ich es tun; und wenn ich es tun könnte, indem ich einige befreite und andere ließe, wie sie sind, so würde ich auch das tun ..."

Für Schurz war diese Haltung unerträglich. Er und seine Mitstreiter setzten alles daran, Lincoln davon zu überzeugen, den amerikanischen Bürgerkrieg nicht nur zu einem Kampf um den Erhalt der Nation zu machen, sondern auch zu einer Schicksalsentscheidung gegen die Sklaverei. Lincoln blieb zunächst zurückhaltend. Erst 1862 rang er sich zu der berühmt gewordenen Proklamation zur Befreiung aller Sklaven durch. Schurz hatte an diesem Meinungsbildungsprozess einen maßgeblichen Anteil. Der Krieg gegen die Konföderierten war nun ein Krieg für die Beendigung der Sklaverei geworden.

Der Bürgerkrieg währte vier Jahre und war die blutigste Schlacht in der amerikanischen Geschichte. In ihm starben mehr Amerikaner als in den

DEUTSCHE UND IRISCHE EINWANDERER kamen in der zweiten Hälfte des 19. Jahrhunderts in so großer Zahl nach Amerika, dass sie zur politischen Größe wurden. Die Karikatur oben zeigt einen irischen Einwanderer, dargestellt durch ein Whiskyfass, und einen deutschen Einwanderer in einem Bierfass, wie sie sich mit der Wahlurne davonmachen.

CARL SCHURZ' (LINKS) Rolle im Bürgerkrieg war umstritten. Von vielen wurde er als politischer General wahrgenommen. Beliebter bei den deutschen Soldaten des Bürgerkrieges war sein Mitstreiter aus alten Tagen FRANZ SIGEL (RECHTS). Aber auch Sigels militärische Leistungen standen bei den alteingesessenen Amerikanern in scharfer Kritik. Auch ihm haftete der Ruf eines politischen Generals an. Einen tadellosen Ruf als Heerführer hingegen hatte der Deutsch-Amerikaner General Osterhaus.

beiden Weltkriegen und im Vietnamkrieg zusammen. Über 800 000 Menschen verloren ihr Leben. Die überwiegende Mehrheit der Deutsch-Amerikaner kämpfte auf der Seite des Nordens. 500 Offiziere der Unionsarmee kamen aus Deutschland. Von den 2,2 Millionen Soldaten der Unionsarmee waren über 23 Prozent Deutsch-Amerikaner. Viele dienten in rein deutschen Regimentern, die anfangs sogar eigene Uniformen hatten und nur auf deutsche Kommandos hörten.

Die militärische Rolle, die Schurz im amerikanischen Bürgerkrieg spielte, ist bis heute umstritten. Schurz war im Alter von 32 Jahren zum General ernannt worden – ein militärischer Rang, der seine Erfahrungen als Offizier bei weitem übertraf. Nicht zuletzt deshalb hatte er innerhalb der deutschen Gemeinde keinen leichten Stand. Die Sympathien der meisten Deutschen gehörten Franz Sigel, dem legendären Kommandanten der Festung Rastatt im Revolutionsjahr 1848/49. Die Schlacht bei Chancellorsville wurde für Schurz zum Debakel. Die Truppen der Union wurden von den Konföderierten vernichtend geschlagen, ohne wesentlichen Widerstand zu leisten. Darunter litt auch der Ruf des Deutschen. Schnell machte ein Witz die Runde: „fights mit Sigl and runs mit Schurz". Schurz wurde den Verdacht ein Hasenfuß zu sein, nicht mehr los.

Seiner politischen Karriere schadete dieses militärische Intermezzo indes nicht. Bei den Präsidentenwahlen des Jahres 1864 gelang es Schurz erneut, die Deutschen für den Kandidaten Lincoln zu gewinnen. Um so härter traf ihn die Ermordung des Präsidenten. Lincoln hatte eng mit ihm zusammengearbeitet und war sein politischer Vertrauter. Mit ihm verlor er einen seiner wichtigsten Fürsprecher.

Nach dem Bürgerkrieg nahm Schurz seine publizistische Tätigkeit wieder auf. Er wurde Mitgründer der „Westlichen Post" in Missouri. Hier begann auch die Karriere des jungen Joseph Pulitzer, der als Assistent von Schurz erste journalistische Gehversuche machte. Später errichtete er sein eigenes Presseimperium und stiftete den Pulitzer-Preis, der zum „Oscar" des Journalismus geworden ist.

Doch auch seine politische Karriere war noch lange nicht beendet. Die Stimmen der Deutsch-Amerikaner brachten Schurz einen Sitz im amerikanischen Senat ein. Der Höhepunkt seiner Laufbahn wurde der Posten des Innenministers der USA. Hier setze Schurz sich für die Rechte der Indianer ein und initiierte die Gründung der ersten amerikanischen Nationalparks.

Nach seinem Ausscheiden aus dem Amt des Innenministers verfolgte Schurz seine journalistische Laufbahn weiter. So schrieb er für das angesehene Magazin „Harper's Weekly" und verfasste eine Biografie über General Clay und die amerikanische Geschichte. In New York setzte sich Schurz weiter für die deutsch-amerikanische Sache ein. Ihm ist zu verdanken, dass dem deutschen Dichter Heine in Brooklin ein Denkmal gesetzt wurde, das noch heute etwas vereinsamt dort steht. Am bemerkenswertesten in seinem späten politischen Wirken waren seine steten Warnungen vor einem amerikanischen Imperialismus, der sich zu dieser Zeit bereits in den Anfängen abzeichnete. Nichts war dem demokratischen Revolutionär fremder, als dass sein Land sich über andere erhob. Eine Warnung, die bei wenigen auf Verständnis stieß.

Schurz war von einem jugendlichen radikalen Demokraten zu einem Elder Statesman geworden. Wie kein anderer verkörperte er die Integration der Deutsch-Amerikaner in die amerikanische Gesellschaft. 1906 starb Carl Schurz unter großer öffentlicher Anteilnahme. Die Stadt New York richtete ihm zu Ehren einen Park ein – dort steht, in Lebensgröße, sein Denkmal. Kein Geringerer als Mark Twain beschrieb ihn anlässlich seines Todes als einen engen Freund und einen unbestechlichen und aufrechten Bürger.

Schurz' Ruhm wirkte auch nach seinem Tod bis in die Weimarer Republik

JOSEPH PULITZER (1847–1911)

kam im Ungarn der k. u. k. Monarchie als Sohn einer deutschen Mutter und eines ungarischen Vaters zur Welt. Im Alter von 17 Jahren entschloss er sich, Soldat zu werden. Aufgrund seiner schlechten Augen und seiner angegriffenen Gesundheit scheiterten Versuche, in den Dienst der österreichischen Armee zu treten. Auch die französische Fremdenlegion und die britische Armee verzichteten auf die Dienste des fast zwei Meter langen Jünglings. Schließlich wurde er in Hamburg von einem Truppenwerber der US-Armee angeheuert und nahm in einem deutschen Regiment am Bürgerkrieg teil. Nach dem Krieg wurde er Journalist in Carl Schurz' „Westlicher Post". Hier begann sein rapider Aufstieg. Im Alter von 25 Jahren war er bereits Verleger des „St. Louis Dispatch". Mit der Übernahme der New Yorker Zeitung „The World" wurde er einer der größten Zeitungsverleger des Landes. Pulitzer geriet durch den reißerischen Stil seiner Zeitungen, die als „yellow press" bezeichnet wurden, in die Kritik. Sein Einsatz gegen Korruption und Vetternwirtschaft wurde deshalb von der Nachwelt oftmals übersehen. Auf Joseph Pulitzer geht auch die Stiftung des gleichnamigen Pulitzer-Preises zurück, der alljährlich für herausragende journalistische und literarische Leistungen vergeben wird.

CINCINNATI, *Stadtteil „Over the Rhine".*
1890 waren mehr als die Hälfte der Bewohner
Deutsche der ersten oder zweiten Generation.
Auch der erste Bürgermeister der Stadt, David
Ziegler, war ein Deutscher.

DER „GERMAN BELT" Der anhaltende Strom neuer Zuwanderer ließ die USA kontinuierlich wachsen. Immer weiter dehnten sich die ehemaligen englischen Kolonien nach Westen aus. Neue Staaten entstanden in schneller Folge. Missouri 1821, Arkansas 1836, Michigan 1837, Texas 1845, Florida 1845, Iowa 1846, Wisconsin 1848, Kalifornien 1850, Minnesota 1858 und zuletzt Oregon im Jahr 1859. Es waren vor allem die Siedler aus Deutschland, die sich in den weiten Landstrichen des Mittleren Westens ansiedelten. Sie bildeten den so genannten „German Belt", der sich im Norden von Michigan bis North Dakota und im Süden von Ohio bis nach Missouri westwärts erstreckte. Die Städte Minneapolis, St. Louis und Cincinnati wurden zu ihren Hochburgen. Die alteingesessenen Amerikaner beobachteten die Neuankömmlinge mit Argwohn und Misstrauen. Besonders waren der puritanischen Mehrheit die bierseligen und geselligen Deutschen ein Dorn im Auge. Doch die Siedler integrierten sich gut. Beruflich waren sie zumeist Landwirte oder Handwerker. Viele hatten kleine Ersparnisse mitgebracht, die es ihnen ermöglichten, sich eine Existenz aufzubauen. Sie verhielten sich oft nach dem selben Muster. Sobald sie ankamen, kauften sie ein Stück Land, arbeiteten hart, gründeten eine Familie und gaben sich mit dem Erreichten zufrieden. Noch heute ist dieser einfache und bodenständige Lebensstil der Deutschen im Mittleren Westen der USA zu spüren. Es ist einer der am längsten nachwirkenden, aber am wenigsten zur Kenntnis genommenen Beiträge deutscher Einwanderer in den USA.

fort. Der deutsche Außenminister Gustav Stresemann würdigte ihn als einen Amerikaner, der seine Loyalität zu seiner neuen Heimat mit seiner Liebe für Deutschland und sein Deutschtum verbunden habe.

Kindergärten und Universitäten

Keinesfalls im Schatten ihrers Mannes, aber weniger exponiert, wirkte Schurz' Frau Margarethe.

Amerika verdankt ihr eine der fortschrittlichsten und segensreichsten Einrichtungen seiner Sozialgeschichte, den Kindergarten. Die Idee einer schulähnlichen Einrichtung für kleine Kinder geht auf den Bildungsreformer Friedrich Fröbel zurück. Dieser hatte 1837 im thüringischen Blankenburg den weltweit ersten Kindergarten ins Leben gerufen. Fröbel war, dem Zeitgeist entsprechend, von aufklärerischen und romantischen Ideen geprägt. Freie, selbst tätige, denkende Menschen zu erziehen war das Ideal, dem er sich verpflichtet fühlte. Die Kinder sollten das Leben in der Natur begreifen und durch Spiele handwerkliches Geschick erlernen.

Margarethe Schurz war zusammen mit ihrer Schwester bei Friedrich Fröbel ausgebildet worden. Sie war eine moderne und fortschrittliche Frau. Nachdem sich die Familie Schurz in Wisconsin niedergelassen hatte, gründete Margarethe dort den ersten Kindergarten der USA. In den Anfangsjahren war die Institution des Kindergartens eine rein deutsche Angelegenheit. Erst allmählich breitete sich die Idee in den USA aus. Aber auch das deutsche Hochschulwesen hatte einen nachhaltigen Einfluss auf das amerikanische Bildungssystem. Gegen Ende des 18. Jahrhunderts hatte Wilhelm von Humboldt in Berlin den Grundstein für die moderne Universität gelegt und damit den hervorragenden Ruf der deutschen Hochschulen begründet. Die

Humboldt-Universität galt als Mutter aller modernen Universitäten. Die Einheit von Forschung und Lehre und das Vermitteln einer umfassenden humanistischen Bildung waren revolutionäre Neuerungen.

Damals strömten Amerikaner in großer Zahl an deutsche Universitäten. Über 9000 Amerikaner hatten bis zur Jahrhundertwende in Deutschland studiert, denn in den jungen USA gab es damals keine vergleichbaren Bildungseinrichtungen. England war in dieser Zeit noch als ehemalige Kolonialmacht verpönt. Zu gut waren die Opfer in Erinnerung, die man für die Unabhängigkeit gebracht hatte. Zudem war der Zugang zu den englischen Universitäten durch ein Quotensystem beschränkt. Die deutschen Hochschulen galten als modern und fortschrittlich. Sie entsprachen damit dem Lebensgefühl der amerikanischen Nation. G. Stanley Hall bezeichnete die deutsche Universität gar als den freiesten Ort der Welt und drückte damit die Begeisterung vieler Amerikaner aus. Unter den US-Studenten waren die Universitäten Berlin und Göttingen am beliebtesten. Sie verlangten keine konfessionelle Zugehörigkeit, wie dies in Europa damals noch weit verbreitet war.

Einige der ehemaligen Studenten gründeten nach ihrer Erfahrung in Deutschland neue Universitäten in ihrer Heimat. Daniel Coit Gilman wurde Präsident der Johns-Hopkins-Universität, die sich als erste Hochschule in den USA nach dem deutschen Vorbild etabliert hatte. Von den 53 Professoren, die im Vorlesungsverzeichnis aufgeführt waren, hatten nahezu alle in Deutschland studiert. In seiner Einweihungsrede bezeichnete Gilman das universitäre Deutschland als die Vereinigten Staaten der Alten Welt. Besser konnte man die geistige Verwandtschaft, die zwischen den deutschen Universitäten und ihren ehemaligen amerikanischen Studenten bestand, nicht beschreiben.

MARGARETHE SCHURZ, GEB. MAYER (1833–1876)

gründete den ersten Kindergarten in den USA. Sie hatte, zusammen mit ihrer Schwester, beim „Erfinder" der Kindergartenidee, dem Thüringer Pädagogen Friedrich Fröbel, eine Ausbildung durchlaufen.

BIER FÜR DIE WELT

ADOLPHUS BUSCH

*war erfolgreicher Unternehmer und
verkörperte gleichzeitg die Bedeutung des
deutschen Elements.*

ADOLPHUS BUSCH
UND DIE AMERIKANISCHE
MASSENKULTUR

„Let spirits go and good riddance; let beer remain!"

Der enorme Anstieg der Bevölkerung Amerikas zwischen 1860 und 1914 von 31,1 auf 91,9 Millionen Menschen war ein ausschlaggebender Faktor für die Entwicklung der amerikanischen Massenkultur und den damit einhergehenden Erfolg der großen Wirtschaftskonzerne. Ein enormer Konsumbedarf entstand. Marken wie Heinz, Levis oder Budweiser etablierten sich und waren fortan aus dem amerikanischen Alltag nicht mehr wegzudenken.

Etwa vier Millionen Deutsche immigrierten in dieser Zeit in die USA. Sie brachten die Kunst des Bierbrauens aus Deutschland mit und dominierten von Anfang an den Markt in der Neuen Welt. Die Namen der bekanntesten amerikanischen Biermarken legen bis in unsere Zeit Zeugnis davon ab. Pabst, Schlitz, Stroh und Schäfer sind nur einige Biere aus der Gründerzeit des amerikanischen Brauereiwesens, die heute noch existieren. Doch keines von Ihnen erreichte die Bekanntheit und den Erfolg von Adolphus Buschs „Budweiser". Nicht nur das Bier, auch das Imperium und der Reichtum des Brauers erreichten bereits zu seinen Lebzeiten eine sagenhafte Dimension. Unter den Brauern war Busch der unumstrittene „King of Beer". Mit Glück, Mut und Erfindungsreichtum errichtete er eine der größten Brauereien der Welt und verkörperte den Einfluss des deutschen Elements in dieser Epoche wie kein anderer Deutsch-Amerikaner.

Adolphus Busch wurde 1839 als zweites von 22 Kindern geboren. Sein Vater hatte diese stattliche Anzahl von Kindern in drei Ehen zustande gebracht.

*5

Seine Mutter Barbara Busch brachte allein 15 der 22 Geschwister zur Welt.
So bestand das Leben des kleinen Adolphus von Anfang an aus Superlativen.
Nach dem Abitur im heimatlichen Mainz wanderte Busch im Alter von 18
Jahren in die USA aus. Er siedelte sich in St. Louis an, wo schon drei seiner
Brüder ihr Glück versuchten. Busch fand in der boomenden Stadt schnell
eine Stellung. Der Beginn seiner steilen Karriere wurde nur durch ein kurzes
Zwischenspiel im amerikanischen Bürgerkrieg unterbrochen. Der junge
Mann musste für einige Jahre an die Waffen. Der Krieg endete nicht nur für
die Union glimpflich, sondern auch für Busch. Er kehrte unversehrt und ohne
in größere Gefechte verwickelt worden zu sein aus dem Krieg zurück.

Mit dem Geld aus einer Erbschaft kaufte sich Busch in einen Brauerei-
ausrüster ein. Einer seiner Kunden war Eberhard Anheuser. Anheuser hatte
sein Geld in die Bavarian Brewery investiert, eine kleine Brauerei, die bereits
einmal vor dem Bankrott gestanden hatte. Aber auch unter dem neuen
Eigentümer wurden die Geschäfte nicht besser. Anheuser fand nicht genug
Abnehmer für sein Bier und hatte zudem wenig Ahnung vom Brauerei-
geschäft. Schon bald war er bei seinem Zulieferer Adolphus Busch hoch
verschuldet. Da traf es sich gut, dass seine Tochter Lilly den jungen und
aufstrebenden Busch 1861 heiratete und dieser als Tilgung der Schulden
einen Anteil der Brauerei übernahm. Als die Geschäfte nicht besser wurden,
trat Busch drei Jahre später in den Betrieb seines Schwiegervaters ein. Er
verstand zwar wenig von Bier, war jedoch ein begnadeter Verkäufer.

Die Brauerei-Industrie in den USA steckte 1864 noch in den Anfängen. Das
Brauwesen war ein vollkommen lokales Geschäft. Bier verdarb innerhalb
weniger Tage und konnte nur über kurze Strecken transportiert werden.
Deshalb war es für die Brauer wichtig, sich den lokalen Absatz zu sichern.
Die besten Kunden waren die Saloons und Biergärten, und unter den
Brauereien herrschte ein harter Wettbewerb.

Mit ansprechenden Plakaten warb die Hapag in ganz Europa um Auswanderer und Passagiere. Die innovativen Poster verfehlten ihre Wirkung nicht. Keine andere Schifffahrtsgesellschaft brachte mehr Menschen in die neue Welt als die Hapag.

Adolphus Busch erkannte die Wichtigkeit der Saloons und sicherte sich nach und nach den lokalen Markt, indem er die Saloon-Betreiber tatkräftig unterstützte. Um einen Saloon zu eröffnen, hatte der zukünftige Wirt einiges zu beachten. Zunächst musste die Mehrheit der Anwohner dem Vorhaben zustimmen und eine Lizenz zum Alkoholausschank bei der Stadt erworben werden. Schließlich standen Investitionen in Mobiliar, Dekoration, Gläser und die Miete an. Busch kümmerte sich um all diese Dinge und zahlte manchmal sogar die Miete für den Pächter. Als Gegenleistung verkauften diese sein Bier. Die Rechnung ging auf, und die Absatzprobleme der Brauerei waren beseitigt.

Ganz auf Expansion eingestellt, ruhte sich der junge Unternehmer nicht auf den ersten Lorbeeren aus. Als 1869 die Transcontinental Railroad eröffnet wurde, erkannte Busch schnell die ungeahnten Möglichkeiten, die sich auftaten. Er verkaufte seine Zuliefererfirma und stieg als Partner bei Anheuser ein. Mit der Bahn konnte man in nur sechs Tagen vom Osten der USA an die Westküste gelangen – eine technische Revolution. Zuvor gab es nur die langsamen Pferdewagen, um Waren über Land zu transportieren. Der Schiffsweg war ebenfalls mühevoll und erreichte nur eine Hand voll Städte. Mit der Bahn konnten die Waren schnell zu so gut wie jeder Stadt transportiert werden. Doch Bier verdarb noch schneller, als die Bahn fuhr. Noch immer konnte Bier nicht landesweit verkauft werden.

Die Lösung des Problems fand der umtriebige Busch in Deutschland. Er war im gleichen Jahr 1869 in die Heimat gereist, um sich dort über die neuesten Entwicklungen im Brauereiwesen zu informieren. Dabei lernte er die Methode des Pasteurisierens kennen. Sie ermöglichte es, Bier in Flaschen länger haltbar zu machen, wenn es gut gekühlt wurde.

Mit diesem Wissen begann Busch mit der industriellen Massenproduktion des Gerstensafts. Zudem produzierte er Millionen von Bierflaschen und eroberte einen neuen Markt: Flaschenbier für den Hausgebrauch. Eine riesige Brauerei entstand, die in ihren Ausmaßen bald die kleine Stadt St. Louis übertraf. 7500 Menschen arbeiteten in 110 Gebäuden auf 142 Hektar Land. 1880 starb Eberhard Anheuser, und Busch folgte ihm auf den Chefsessel. Ein Jahr später schaffte der Unternehmer den endgültigen Durchbruch mit der Erfindung künstlicher Kühlung. Die Keller, in denen er sein Bier bis dahin lagerte, waren längst zu klein geworden und begrenzten den Verkauf. Als erster großer Bierbrauer mietete Busch Lagerhäuser an und kühlte diese, um sein Bier frisch zu halten. Er führte auch Kühlwagen ein und errichtete entlang dem Schienennetz Kühlhäuser, um das Bier frisch an seinen Bestimmungsort zu bringen.

Die Beschränkungen auf dem engen Markt von St. Louis waren endgültig vorbei. Mit der Eisenbahn, der Pasteurisierung, den Kühlhäusern und Kühlwagen sowie dem Mut des Unternehmers eroberte Busch mit seinem Budweiser nun die USA. Sein Bier wurde in alle großen Städte geliefert und zur ersten nationalen Marke. Busch rührte derweil die Werbetrommel. Mit riesigen Plakataktionen und Anzeigen in allen Zeitungen machte er auf sein Getränk aufmerksam. Erstmals wurden Werbegeschenke und verkaufsfördernde Artikel großzügig unter das Volk gebracht. Doch die beste Werbung für sein Bier war Busch selbst. Viele Anekdoten sind von seiner farbigen Persönlichkeit überliefert. So reiste er in seinem luxuriösen Bahnwagen, den er „The Adolphus" nannte, durchs Land und warb für sein Produkt. Anstelle einer Visitenkarte verteilte er kleine Taschenmesser. Im Griff befand sich ein kleines Guckloch. Der neugierige Betrachter konnte beim Hineinsehen nicht etwa das Abbild einer leicht bekleideten Dame erkennen, sondern das Konterfei von Adolphus Busch. Dem Aufstieg des Marketing-Genies zum größten Brauer der USA stand nichts mehr im Weg.

Für Busch und für viele weitere Brauerdynastien bedeutete Bier Reichtum

ALBERT BALLIN (1857–1918)
wurde als dreizehntes Kind eines Kaufmanns in Hamburg geboren. Der legendäre Generaldirektor der Hapag hatte die Gesellschaft mit Fleiß und Kreativität zu einem globalen Unternehmen gemacht. Neben dem boomenden Auswanderergeschäft erschloss er Luxusfernreisen als neues Geschäftsfeld. Sein Motto „Mein Feld ist die Welt" wurde für Millionen von Auswanderern zur Verheißung und machte die Hapag zur führenden Reederei der Welt.

Ballin war wie viele Zeitgenossen von den technischen und wirtschaftlichen Möglichkeiten, die sich im 20. Jahrhundert auftaten, begeistert. Seine Passion für die Schifffahrt teilte er mit dem deutschen Kaiser Wilhelm II., zu dem er engen Kontakt hatte.

*Die Auswandererstadt auf der Veddel in Hamburg setzte
für damalige Zeit neue Maßstäbe. Die mittellosen
Emigranten fanden vorbildliche hygienische Bedingungen
vor und blieben von den dubiosen Geschäften der zahlreichen Auswanderungsagenturen verschont, die das Leid der
Menschen oftmals schamlos ausnutzten.*

und gesellschaftliches Ansehen. In den 70er Jahren des 19. Jahrhunderts gab es mehr als 4000 Brauereien in Amerika. Bis zur Jahrhundertwende stieg die jährliche Bierproduktion von 10 Millionen Barrel auf knapp 40 Millionen Barrel an. Davon produzierte Busch eine Million. In beinahe jeder US-Stadt gab es eine Bierdynastie, die von dem Boom profitierte.

Busch wurde zu einem der reichsten Männer der Welt. Wohlbeleibt und lebensfroh glich er einem Fürsten des Barockzeitalters. Für die sittenstrengen Puritaner war er ein eher abschreckendes Beispiel. Noch heute stehen einige seiner Traumschlösser, die er sich zu Lebzeiten errichtete. Die Busch-Gärten in Pasadena (Kalifornien) konnten sich in Größe und Umfang mit den prachtvollen Gärten der Monarchen in Europa messen. Auch in Deutschland errichtete sich der heimatverbundene Patriarch ein Refugium – das Schloss „Lilly" in Bad Schwalbach, das er nach seiner Frau benannte.

Den enormen Absatz und den damit einhergehenden Wohlstand machten unter anderem die mehr als vier Millionen Deutsche möglich, die in der zweiten Hälfte des 19. Jahrhunderts nach Amerika auswanderten. Für die deutschen Immigranten war Bier mehr als ein Getränk. Die vielen Biergärten, Lokale und Kneipen bildeten den Dreh- und Angelpunkt im regen gesellschaftlichen Leben der Einwanderer. Familien und Freunde kamen zusammen und verbreiteten deutsche Gemütlichkeit. Getreu dem Sprichwort „Wer hart arbeitet, soll auch hart feiern" nutzten sie jede sich bietende Gelegenheit, um bei einem Humpen Bier ihre Sorgen zu vergessen.

Neben den Biergärten und den Saloons gehörten die Vereine zum gesellschaftlichen Leben der deutschen Immigranten. Man sagte den Deutschen nicht ohne Grund nach, dass sie mindestens in drei Vereinen Mitglied waren, und nannte dies abfällig Vereinsmeierei. Doch die Tradition geht bis auf die Zeit der Freiheitskriege gegen Napoleon zurück. Turnvater Jahn hatte es für unabdingbar gehalten, dass sich die Jugend körperlich ertüchtigte, um gut

gestärkt gegen die französische Fremdherrschaft zu kämpfen. Gleichzeitig wurde in den Gesangsvereinen, die in der Mitte des 19. Jahrhunderts entstanden, freiheitliche Lieder angestimmt. Das Schmiermittel für all diese Aktivitäten war der Gerstensaft. Auch davon profitierten die Bierbrauer.

Adolphus Busch produzierte 1907 die enorme Menge von 1,6 Millionen Barrel Bier. Dieser Rekord sollte für 31 Jahre nicht gebrochen werden. Ein Grund war die wachsende Unterstützung in der Bevölkerung für die Prohibition. Busch erlebte die katastrophalen Folgen der Bewegung für die Brauer nicht mehr mit. Er starb 1913 in seinem Schloss in Bad Schwalbach und wurde in St. Louis beigesetzt. 6000 seiner Angestellten kamen zum Begräbnis. Der deutsche Kaiser bekundete ebenso sein Beileid wie der Präsident der USA.

Nach dem Tod von Adolphus Busch ging seine Brauerei schweren Zeiten entgegen. Mit Argwohn betrachteten die alteingesessenen Amerikaner seit längerem, wie die Deutschen an Sonntagen in den Biergärten und Saloons feuchtfröhliche Lieder anstimmten. Für die puritanisch geprägten Menschen war dies die reinste Sünde. Je mehr Deutsche in die Städte des Mittleren Westens strömten, desto größer wurde die Gegenreaktion. Die so genannte Temperenz-(Mäßigungs-)Bewegung entstand. Sie trat für die Einhaltung der Sonntagsruhe und das Verbot öffentlichen Bierausschanks ein. Nicht die Brauer waren den Anhängern der Bewegung ein Dorn im Auge, sondern die Saloons und die Biergärten. Sie beklagten Auswüchse, die nicht zu leugnen waren. Das Glücksspiel und die Prostitution blühten.

Schon seit den 20er Jahren des 19. Jahrhunderts hatte die Vereinigung christlicher Frauengruppen für Mäßigkeit und für ein alkoholfreies Amerika gekämpft. 1890 formierte sich dann in Ohio die Anti-Saloon-Liga. In ihr versammelten sich die Protagonisten der Temperenz-Bewegung, hatten jedoch zunächst wenig Einfluss.

In Deutschland transformierte die Industrialisierung Ende des 19. Jahrhunderts das gesellschaftliche Gefüge. Immer neue Fabriken brauchten immer mehr Arbeiter. Um 1900 ging die Zahl deutscher Auswanderer in die USA daher rapide zurück. Erstmals seit langem wanderten mehr Menschen nach Deutschland ein als aus. Die Konjunktur florierte, und die Eisenhütten und Bergwerke des Ruhrgebietes hatten einen unersättlichen Bedarf an Arbeitskräften.

Wenngleich nie wieder so viele Deutsche in die USA auswanderten wie im letzten Drittel des 19. Jahrhunderts, riss doch der Strom der Immigranten nicht gänzlich ab. In den Wirren des 20. Jahrhunderts würden noch Tausende Flüchtlinge an den Toren zu Amerikas Freiheit rütteln. Viele vergeblich.

ELLIS ISLAND, NEW YORK, *war für viele Menschen aus Europa der erste Kontakt mit der Neuen Welt.*

*1933 kam Präsident Roosevelt an die Macht;
während seiner Amtszeit (bis 1945) wurde die
Prohibition aufgehoben, und im ganzen Land durften wieder alkoholische Getränke verkauft werden.
Die tiefe Wirtschaftskrise in den USA bekämpfte
Roosevelt mit seiner Politik des New Deal.
Drastische und ungewöhnliche Maßnahmen wie
staatliche Arbeitsprogramme,
Devisenausfuhrbeschränkungen, Entschuldung der
kleinen Farmer und Hausbesitzer sowie eine
Stärkung der Arbeiter sollten die USA aus der Krise
führen. Damit ging Amerika einen neuen, gänzlich
unkapitalistischen Weg. In dieser Zeit entstand das
amerikanische Sozialstaatssystem. Eine
Arbeitslosen-, Invaliden-, Alters- und
Hinterbliebenen-Versicherung wurde eingerichtet.
Der Architekt dieser Errungenschaften war der aus
Deutschland stammende Senator Robert Wagner.*

In dem Maße, wie durch die weltpolitische Entwicklung das deutsche Element in den USA geschwächt wurde, gewannen die Kräfte der Temperenz-Bewegung an Einfluss. Als die USA 1917 schließlich in den Ersten Weltkrieg eintraten und gegen Deutschland kämpften, verstärkten sich die deutschfeindlichen Ressentiments in der Bevölkerung. Alkohol wurde mit Bier gleichgesetzt, und Bier stand für Deutschland. Die deutschen Brauer hatten von nun an einen schweren Stand.

Die aufgeheizte Stimmung gegen alles Deutsche und den Verfall der Sitten fand mit der Einführung der Prohibition (1920–1933) ihren Höhepunkt. Am 18. Dezember 1917 wurde das Gesetz vom US-Kongress verabschiedet. Mehr noch: Die Prohibition wurde als 18. Zusatz in die amerikanische Verfassung aufgenommen. Das goldene Zeitalter der Bierbarone war fürs Erste vorbei.

Sehr schnell zeigte sich jedoch, dass mit einem Verbot dem unsittlichen Treiben nicht Herr zu werden war. Der Wunsch nach einem guten Tropfen setzte bei vielen Amerikanern ungeahnte Energien frei – vor allem kriminelle. In der Zeit der Prohibition entstand die Organisierte Kriminalität. Das illegale Geschäft mit dem Alkohol blühte. Viele Amerikaner brauten sich ihr Bier nun zu Hause. Wer dabei erwischt wurde, konnte damit rechnen, dass die Gesetzeshüter ein Auge zudrückten, vorausgesetzt, man hatte etwas Kleingeld dabei, um diesen Meinungsumschwung herbeizuführen.

Für die Brauereien begann eine katastrophale Zeit. Lediglich der Verkauf von Bier mit einem Alkoholgehalt von maximal 0,5 Prozent war zugelassen. Anheuser-Busch war gezwungen, sich auf andere Erwerbszweige zu verlegen. Dem Erfindungsreichtum waren keine Grenzen gesetzt. Eiskreme, Limonaden und Kühlschränke gehörten nun zur Produktpalette.

Als 1933 die Ära der Prohibition vorbei war, gelang es Anheuser-Busch

Unzählige Firmen verloren die Lizenz zur Herstellung und zum Vertrieb von Alkohol. Betroffen waren Brauereien, Destillerien, Winzereien und der Groß- und Einzelhandel. Eine treibende Kraft hinter der Prohibition war die Anti-Saloon-Liga, die sich bereits 1890 in Ohio formiert hatte. Die Liga arbeitete eng mit der Kirche zusammen und weitete ihren Einfluss auf das ganze Land aus, bis schließlich mit einer Zweidrittelmehrheit im Kongress die Verfassungsänderung bewirkt werden konnte.

Die Liga entstand, da sich immer mehr Saloons in den Orten und Städten ansiedelten und die Männer diese reichlich frequentierten. Als auch Glücksspiel und Prostitution in die Saloons einzogen, drehte die Stimmung im Land zugunsten der Liga, die schnell neue Anhänger fand. Die Anzahl der Prohibitionsbefürworter wuchs rasant, und die ersten lokalen Verbote wurden eingeführt, bis die Prohibition in der Verfassung für die gesamte Union verankert wurde.

wieder, an die alten Erfolge anzuknüpfen. Nicht einmal dreizehn Jahre Verbot hatten die bekannte Marke Budweiser aus dem Gedächtnis der Amerikaner löschen können.

Wirtschaftsboom und Massenkultur

Die USA stiegen in der Zeit nach dem Bürgerkrieg bis zum Ausbruch des Ersten Weltkrieges zur wirtschaftlichen Großmacht auf. Mit unglaublichem Mut zum Risiko, Energie und Eigeninitiative errichteten die „Big-Business-Könige" ihre Trusts und Riesenkonzerne. Einer der bekanntesten Unternehmer ist der von deutschen Einwanderern abstammende John D. Rockefeller, dessen Familie sich vor der Amerikanisierung Steinhauer genannt haben soll. In den Händen von wenigen Magnaten sammelten sich unvorstellbar große Reichtümer an. Allein die Familien Morgan und Rockefeller kontrollierten 20 Prozent des Volksvermögens. Zwar stifteten die Vanderbildts, Morgans, Rockefellers und Astors großzügig gemeinnützige Einrichtungen, gaben aber nichts von ihrer wirtschaftlichen Macht preis. Erst unter Präsident Wilson wurde die Macht der Trusts und Konzerne zurückgedrängt.

Ein wichtiger Faktor für den Erfolg dieser Wirtschaftsbosse war der enorme Anstieg der Bevölkerung Amerikas zwischen 1860 und 1914 von 31,1 auf 91 Millionen Menschen. Allein 21 Millionen davon waren Einwanderer. Ein enormer Konsumbedarf entstand. Viele der großen Marken, die heute weltweit bekannt sind, haben in dieser Zeit ihren Ursprung. Namen wie Kraft, Ford, Levis, Coca-Cola, Heinz und Budweiser sind nur einige davon. Die amerikanische Massenkultur entstand und bereitete sich auf ihren weltweiten Siegeszug vor. Nationale Ikonen wie der Hamburger, der Tomatenketchup, die Blue Jeans, aber auch Hollywood verdanken ihre Geburt der

DAS BUSCH REISINGER MUSEUM *auf dem Campus der Harvard-Universität in Cambridge, Massachusetts.*

Busch nutzte seinen Reichtum nicht nur, um sich und seiner Familie ein gutes Leben zu ermöglichen. Er wurde zu einem der großen Mäzene des erstarkenden Amerika: Gemeinsam mit seinem Schwiegersohn stiftete er der Universität Harvard ein Museum für germanische Kunst. Die Idee, ein germanisches Museum auf dem Campus von Harvard zu errichten, ging auf den in Harvard lehrenden deutschen Geschichts- und Literaturdozenten Kuno Francke zurück. Spätestens seit Francke 1891 eine Amerikanerin geheiratet hatte, betrachtete er es als seinen Lebensinhalt, beide Völker einander näher zu bringen. In Harvard gab es bereits ein Museum für französische und italienische Kunst. Francke legte besonderen Wert darauf, kein „German" sondern ein „Germanic" Museum zu errichten. Es sollte nicht nur die deutsche, sondern die germanische Kultur vorstellen, wozu Francke ganz selbstverständlich die skandinavische, schweizerische und auch die englische zählte. Für den Museumsbau beauftragte Busch den deutschen Architekten Berstelmayer aus München. Dieser hatte schon den Lichthof der Münchner Ludwig-Maximilians-Universität, die Bibliothek des deutschen Museums und den Erweiterungsbau des germanischen Nationalmuseums gebaut. Sein Baustil spiegelte das Sendungsbewusstsein des vor Kraft strotzenden deutschen Reichs wider. Das Germanische Museum von Busch schmückte sich mit den Größen der deutschen Geistesgeschichte. Über die Portale wurden Zitate von Goethe, Schiller und Kant in Stein gemeißelt. Busch setzte sich vehement für den Museumsbau ein. Unterstützt wurde er von dem Präsidenten der Universität Harvard, Charles L. Eliot, und anderen Professoren. Auch Kaiser Wilhelm II. sah in dem Engagement für das Museum einen willkommenen Anlass, die deutsch-amerikanischen Beziehungen zu vertiefen. Er schenkte der neu gegründeten Sammlung eine Reihe von Gipsabdrücken bedeutender Kunstwerke aus dem 11. bis 18. Jahrhundert, die er persönlich ausgewählt hatte. Das Museum bot in der Folge auch die Bühne für offizielle deutsch-amerikanische Begegnungen. Als der Bruder des Kaisers, Prinz Heinrich, seine Amerika-Reise absolvierte, gehörte dort ein Besuch zum Pflichtprogramm. Mit dem Ausbruch des Ersten Weltkrieges kehrte sich die Begeisterung der Akademiker allerdings ins Gegenteil und erreichte mit dem Kriegseintritt der USA ihren Höhepunkt. So lässt sich erklären, dass das Museum erst nach dem Krieg der Öffentlichkeit zugänglich gemacht wurde. Das Bauwerk spiegelt so die Wechselfälle der deutsch-amerikanischen Beziehungen wider. Heute beherbergt die Adolphus-Busch-Halle das Minda de Gunzberg Center für Europäische Studien. Das Germanische Museum wurde nach dem Zweiten Weltkrieg in Busch-Reisinger-Museum umbenannt und in ein anderes Gebäude verlegt.

wirtschaftlichen Dynamik, die Amerika in der letzten Hälfte des 19. Jahrhunderts erfasste.

Aus deutsch-amerikanischer Sicht verbindet sich diese Zeit des ungebremsten Wachstums mit zwei Anekdoten. Danach sind sowohl der Hamburger als auch der dazugehörige Ketchup eine Erfindung deutscher Einwanderer.

Doch die Legende der Entstehung beginnt nicht etwa in Hamburg oder Amerika, sondern in Russland. Vor etwa 800 Jahren zog der mongolische Stamm der Tataren durch die Steppen. Um das erbeutete Rindfleisch bekömmlicher zu machen, legten sie es unter ihre Sättel und ritten es weich. Am Abend hackten sie es klein und verspeisten es schließlich roh.

Im 18. Jahrhundert brachten deutsche Matrosen diese krude Form des Hamburgers nach Deutschland, wo sie von Köchen verfeinert wurde: Der Hamburger, der seinen Namen der gleichnamigen Hansestadt verdankt, war geboren. Mit Hilfe von deutschen Emigranten, die in die Vereinigten Staaten auswanderten, trat er schließlich seinen weltweiten Siegeszug an. Noch heute streiten sich die Nachkommen von Frank Menches, einem Imbissverkäufer, und die Bewohner von Seymour, Wisconsin, wer als Erster die Idee hatte, das Hamburger-Steak auf ein Brötchen zu legen. Letztere berichten, dass Charlie Nagreen, ein Bürger der Stadt, schon im Jahre 1885 an einem von Ochsen gezogenen Stand Hamburger an Messebesucher verkaufte. Auch das Restaurant „Louis Lunch" in New Haven wirbt damit, Erfinder des Hamburgers zu sein.

Ähnlich umstritten ist auch die Urheberschaft des Tomatenketchups. Es verwundert nicht, dass die Firma Heinz für sich in Anspruch nimmt, den für amerikanisches Fast Food unerlässlichen Geschmacksverstärker erfunden zu haben. Henry John Heinz war ein Kind deutscher Einwanderer. Er begann damit, im industriellen Stil Gurken, Sauerkraut und Saucen in Gläsern einzumachen. Ähnlich wie bei Anheuser-Busch trafen seine Produkte auf einen explodierenden Markt.

Antideutschtum

Präsident Hoover, dessen Familie ursprünglich Huber hieß, war der erste deutschstämmige Präsident der USA (1929–1933). Allerdings waren die Zeiten in den USA, als man sich noch ungeschützt und gern seiner deutschen Abstammung rühmen konnte, vorbei. Der Ausbruch des Ersten Weltkrieges brachte Amerika gegen alles auf, was nur im Entferntesten mit Deutschland im Zusammenhang stand. Eine regelrechte Hetze gegen alles Deutsche war entbrannt. Sie wurde nur noch durch das rigorose Vorgehen gegen die japanischen Amerikaner im Zweiten Weltkrieg übertroffen.

Zusätzlich genährt wurde diese Stimmung durch mehrere Zwischenfälle, die kein gutes Licht auf die Deutschen in Amerika warfen. 1915 hatte der deutschstämmige Erich Muenter unter dem Decknamen Frank Holt ein Pistolenattentat auf den mächtigsten Bankier der USA, Jack P. Morgan, verübt. Das Haus Morgan war entschieden pro-britisch und hatte eine Millionen-Anleihe an England und Frankreich vergeben. Die geschäftlichen Rivalen des Bankiers Morgan, die deutsch-jüdischen Bankiers Goldman und Sachs, Lehman sowie Kuhn und Loeb hingegen ergriffen massiv für Deutschland Partei. Zum einen, weil Deutschland gegen das zaristische Russland kämpfte, wo die ersten Judenpogrome des 20. Jahrhunderts stattgefunden hatten. Zum anderen, weil sie sich mit der preußisch-deutschen Kultur identifizierten, unter deren Schutz der soziale Aufstieg der Juden begonnen hatte.

Die Versenkung des zivilen Passagierschiffs Lusitania vor der irischen Küste

JOHN D. ROCKEFELLER (1839–1937) wurde zum Inbegriff des amerikanischen Kapitalismus. Rockefellers Familie stammte von deutschen Siedlern in New Jersey ab. Für seinen 1731 aus Deutschland eingewanderten Vorfahren Johann Peter Rockefeller ließ er 1906 ein Denkmal errichten.

ANTHONY J. DREXEL *gilt als Erfinder des Investment Banking. Drexel war der Sohn eines Porträtmalers, der aus Österreich in die USA gekommen war.*

J. P. MORGAN *wurde durch die Verschmelzung mit der wesentlich größeren und bedeutenderen Bank Drexel zum mächtigsten Mann der Wall Street.*

durch deutsche U-Boote hatte in Amerika eine Welle der Entrüstung ausgelöst. Über tausend Menschen starben bei der Tragödie, darunter 63 Kinder. Unter den 128 amerikanischen Opfern war auch der Magnat Alfred Vanderbildt. Der Vorfall führte zu antideutschen Demonstrationen. Der Umstand, dass die Lusitania wahrscheinlich Kriegsmaterial mit sich geführt und die englische Reederei so bewusst das Leben der zivilen Passagiere gefährdet hatte, spielte in der aufgewiegelten Stimmung der Kriegszeit keine Rolle mehr. Selbst der als deutschfreundlich geltende Ex-Präsident Theodore Roosevelt forderte nun den Kriegseintritt der USA, und der amtierende Präsident Wilson sandte eine ultimative Protestnote an den Kaiser. Das Bild vom barbarischen Hunnen, das der deutsche Kaiser Wilhelm II. in seiner Hunnen-Rede selbst geprägt hatte, wurde in den Augen vieler Amerikaner nun auf eine traurige Art und Weise bestätigt.

Der Kriegseintritt der USA in den Ersten Weltkrieg hatte viele Deutsch-Amerikaner in einen schweren Interessenkonflikt gestürzt. Zum einen fühlte man sich der alten Heimat noch verbunden, zum anderen war man Amerikaner. Viele Deutsch-Amerikaner hatten bis zuletzt gehofft, dass sich Amerika in dem Konflikt neutral verhalten würde. In einer weltpolitisch aufgeladenen Stimmung brodelte die Gerüchteküche auf beiden Seiten des Atlantiks. Als der Bruder Kaiser Wilhelms II., Prinz Heinrich, die USA vor Ausbruch des Weltkrieges besuchte, glaubten viele, dass seine als Freundschaftsbesuch titulierte Visite einen anderen, geheimen Hintergrund habe. Angeblich bestand die eigentliche Mission des Prinzen darin, ein Geheimabkommen mit Präsident Wilson auszuhandeln. Danach sollten sich die USA im Falle eines Kriegsausbruchs zur Neutralität verpflichten. Vergebens, denn 1917 traten die USA an der Seite der Alliierten in den Weltkrieg ein. Damit endete die Hoch-Zeit der Deutsch-Amerikaner.

In der aufgeheizten nationalistischen Stimmung des Weltkriegs war kein

BROOKLYN BRIDGE *Um die Jahrhundertwende stieg Amerika zur größten Wirtschaftsmacht der Welt auf. Das Land hatte sich in einem atemberaubenden Tempo entwickelt. Die Skyline von New York veränderte ihr Gesicht nahezu täglich. Überall in der Stadt dampfte und rauchte es. 1883 wurde die Brooklyn Bridge eröffnet – ein technisches Wunderwerk, das wie kein anderes die rasante Entwicklung New Yorks zur Metropole der USA markierte. Erbaut wurde sie von dem deutschen Einwanderer John Augustus Roebling und seinem Sohn Washington. Ringsherum wuchsen die ersten Hochhäuser in den Himmel.*

Platz mehr für eine ambivalente Haltung. In ganz Amerika wurden die Germania-Statuen vom Sockel gehoben und gegen die Liberty Bell ausgetauscht. Wer deutscher Abstammung war, gab sich entweder bewusst amerikanisch oder versuchte, nicht als Deutscher aufzufallen. Selbst zu Hause sprachen viele deutsch-amerikanische Familien ihre Muttersprache nun nicht mehr. In den Schulen und Universitäten wurde Deutsch aus den Lehrplänen gestrichen und deutsche Bildungseinrichtungen geschlossen.

MARCUS GOLDMAN (links) und sein Schwiegersohn SAMUEL SACHS (rechts) kamen als Einwanderer aus Bayern nach New York und begründeten die Investment Bank Goldman & Sachs. In New York spielten die von deutschen Einwanderern gegründeten Investmentbanken eine wichtige Rolle. Neben Goldman & Sachs waren die Brüder Lehman sowie die Bankiers Kuhn und Loeb wichtige Gegenspieler des als pro-britisch geltenden Bankhauses Morgan. Im ersten Weltkrieg spitzte sich diese Rivalität zu, als J. P. Morgan einen Kredit von 500 Millionen Dollar an England und Frankreich vergab. Die deutsch-jüdischen Bankiers fühlten sich eng mit Deutschland verbunden.

MÄRCHEN, MAGIE
UND MYTHOS

CARL LAEMMLE UND DIE TRAUMFABRIK HOLLYWOOD

„Don't be a salary slave!" Robert Cochrane 1906 zu Carl Laemmle

Ende des 19. Jahrhunderts entschlossen sich viele osteuropäische Juden zur Ausreise in den Westen. Das Leben dort stand im krassen Gegensatz zu den ärmlichen und rückständigen Bedingungen in den orthodoxen jüdischen Ghettos Osteuropas. Die rasant wachsenden Städte Berlin und Wien waren für viele Menschen aus dem Osten gleichbedeutend mit Aufklärung, Kultur und Freiheit. Daher versuchten viele, nach Deutschland und Österreich zu gelangen. Doch neun von zehn wählten Amerika – insgesamt fast drei Millionen Menschen. Neben der Suche nach besseren Lebensbedingungen war die Flucht vor Pogromen im zaristischen Russland die Hauptmotivation, die Heimat zu verlassen.

In dieser Zeit folgte auch Carl Laemmle dem Ruf der Neuen Welt, obgleich es seiner Familie in Deutschland gut ging. Im Alter von 17 Jahren und mit 40 Dollar in der Tasche beschloss er, seine schwäbische Heimat zu verlassen und sein Glück in den USA zu suchen. Es brauchte drei Jahrzehnte und viele Irrungen und Wirrungen, bis der kleine, wendige Mann zu einem der legendären Magnaten Hollywoods wurde. Mit seinem guten Gespür für den Geschmack der Massen stieg die Universal zu einem der erfolgreichsten Studios in Hollywood auf. Auch das Starsystem der Filmmetropole gilt als Erfindung Laemmles.

Seine erste Reise nach Amerika trat Laemmle 1884 in Hamburg an. Die Hamburg-Amerikanische Packetfahrt-Actien-Gesellschaft brachte vor allem

Menschen aus Osteuropa in die Neue Welt. Um die Jahrhundertwende war
die Hansestadt zum größten Auswandererhafen Europas geworden. In
Amerika wurden die Immigranten auf Ellis Island in Empfang genommen
und auf Herz und Nieren geprüft. Wer eine schwache Gesundheit hatte oder
krank war, wurde abgewiesen und zurückgeschickt. Dann oblag es den
großen Schifffahrtsgesellschaften, den Unglücklichen auf eigene Kosten
wieder zurückzutransportieren. Um dieses Kostenrisiko zu minimieren,
hatte man schon im Herkunftsland so genannte Durchgangslager errichtet.
In Hamburg entstand eines der größten und modernsten seiner Art. Es
schützte die Auswanderer vor zwielichtigen Gesellen, die mit der Not der
Menschen Geschäfte machten, und half der Hapag, den Auswandererstrom
besser zu organisieren.

Laemmle kam aus einer deutschen Familie mit jüdischem Bekenntnis. Seine
Generation konnte als erste die Früchte der Emanzipation ernten. Sein
Großvater hat sich noch damit abfinden müssen, dass ihm der Zugang zu
vielen Berufen oder gar ein Universitätsstudium versagt blieb. Doch nun
taten sich in den wachsenden Metropolen Deutschlands ganz neue
Möglichkeiten auf. Die Familie Laemmle war in Laupheim integriert und
geachtet. Antisemitische Pogrome, wie sie etwa zur gleichen Zeit in Russland
ausbrachen, waren nicht zu befürchten. Wenngleich die jahrhundertealten
christlichen Vorurteile nicht ausgeräumt waren, lebten Christen und Juden in
Deutschland friedlich miteinander.

Vor diesem Hintergrund sind die Motive, die Laemmle bewogen haben, nach
Amerika zu gehen, nicht eindeutig nachvollziehbar. Wirtschaftliche Not
schied als Motiv aus. Der Vater verdiente als Immobilienmakler gutes Geld.
Jugendliches Abenteurertum und die allgemein verbreitete Amerika-
begeisterung spielten sicher eine große Rolle. Laemmles Biograf John
Drinkwater wies auf Spannungen in der Familie hin. Die Beziehung zum

DAS ELTERNHAUS *Carl Laemmles*
im württembergischen Laupheim

Vater war verhalten. 1883 starb seine Mutter, mit der ihn ein enges Verhältnis verband. Nach ihrem Tod hielt den jungen Mann nichts mehr zu Hause.

So reiste auch Laemmle wie viele andere über Ellis Island nach Amerika ein, doch sein Start in den USA war nicht eben vielversprechend. Die Anzahl seiner Jobs in den ersten Jahren vermittelt das Bild eines Ruhelosen auf der Suche nach Halt. Er arbeitete als Laufbursche und Bürohilfe. Dann wieder verdingte er sich als Erntehelfer auf einer Farm. Sein Leben stabilisierte sich erst, als ihm ein Freund einen Job in einer Textilfabrik vermittelte. 1894 zog er von Chicago in das kleine Nest Oshkosh in Wisconsin. In der Textilfabrik der Familie Stern arbeitete er sich mit Fleiß und Beharrlichkeit hoch. Er heiratete die ebenfalls aus Deutschland eingewanderte Nichte des Inhabers, Recha Stern. In kurzem Abstand wurden dem Paar die Kinder Rebecca und Louis geboren. Die bescheidene und zurückgezogene Zeit in der amerikanischen Provinz beschrieb Carl Laemmle später als seine glücklichsten Jahre.

Das beschauliche Leben sollte nicht von Dauer sein. Laemmle überwarf sich mit seinem Chef Sam Stern und wurde entlassen. So stand er nach zwölf Jahren wieder vor einem Neuanfang. Gemeinsam mit seiner Familie zog Laemmle 1906 zurück nach Chicago und kontaktierte bei der Suche nach einer neuen Arbeit einen alten Freund, Robert Cochrane. Die beiden kannten sich aus der Zeit, in der Cochrane eine Werbeagentur betrieben und erfolgreich mit Laemmle bei der Entwicklung neuer Vermarktungskonzepte zusammengearbeitet hatte. Cochrane konnte Lämmle zwar nicht zu einer neuen Stelle verhelfen, mahnte diesen jedoch eindringlich, nicht weiter als Lohnsklave zu arbeiten. Er solle noch vor seinem 40. Geburtstag seine eigene Firma aufbauen. Cochranes Worte hatten eine enorme Wirkung auf den 38-jährigen Laemmle. Fest entschlossen, mit seinen kleinen Ersparnissen ein Geschäft aufzubauen, stieß er eher zufällig auf ein Nickelodeon-Kino und beschloss, es zu kaufen.

Die einfachen Menschen waren verrückt nach der Attraktion. Gern zahlten sie ein paar Cent für einen kurzen Film mit einfacher Handlung. Die Nickelodeons wurden die Oper des kleinen Mannes. Die kurzen Filme formten ein Bild von Amerika, das sich den meist mittellosen Immigranten und Arbeitern einprägte. Geschichten aus dem täglichen Leben und dem Wilden Westen wie „The Great Train Robbery" waren frühe Kassenschlager. Allerdings hatten die dunklen Vorführräume etwas Anrüchiges. Wer es zu etwas gebracht hatte, machte einen großen Bogen um die zwielichtigen Etablissements, in denen sich die niederen Klassen vergnügten.

Auch Laemmle sagte später, dass es nicht unbedingt die Art von Geschäft war, die als seriöse Investition galt. Dennoch war er fasziniert von den Möglichkeiten. Die Traumwelt des Kinos und die hohen Margen machten ein Nickelodeon zu einem lohnenden Unternehmen. Schon nach zwei Jahren gehörte ihm die Hälfte der Nickelodeons in Chicago. Es gelang ihm, die Kinos von ihrem Schmuddelimage zu befreien. Ordentlich, sauber und geräumig waren seine neuen Lichtspielhäuser. Auch für Familien mit Kindern wurden die Nickelodeons nun Teil des Freizeitprogramms.

Je mehr Kinos er eröffnete, desto besser verstand Laemmle die Feinheiten des Geschäfts. Die höchsten Margen erzielte der Handel mit Filmen. Um den Bedarf seiner vielen Kinos zu decken, stieg er schließlich selbst in das Lizenzgeschäft ein. Dabei stieß er sehr bald auf den härtesten Widerstand in seinem bisherigen Berufsleben – den Trust der Motion Pictures Patents Company.

Thomas Alva Edison hatte neben zahllosen anderen Erfindungen auch das Patent der Filmkamera nebst Projektor für sich in Anspruch genommen. Während die Glühbirne unumstritten auf sein Konto ging, behauptete eine ganze Reihe von Störenfrieden, die Kameratechnik gleichzeitig aus der Taufe gehoben zu haben. Zunächst hatte Edison versucht, gegen die Widersacher

LAEMMLE *wurde einer der erfolg-reichsten Moguln von Hollywood.*

Die Anfänge des Studiobetriebs waren einfach.
Das Verwaltungsgebäude der *Universal Studios*
im Jahr 1914

juristisch vorzugehen. Nachdem die Kosten dieser Feldzüge ins Uferlose gestiegen waren und die endlosen Prozesse im Sande verliefen, entschied er sich für die Taktik der freundlichen Umarmung. Die American Motion Pictures Patent Company entstand. Der „Trust" beanspruchte die Rechte auf alles, was mit dem Kino im Zusammenhang stand. Die Filmproduktion, der Lizenzhandel und die Kameratechnik wurden vom Trust kontrolliert. Selbst das Rohfilmmaterial der Firma Eastman Kodak konnte nur mit einer Lizenz des Trusts gekauft werden.

Laemmle, der in der Branche eine gewisse Größe erreicht hatte, sollte nun ebenfalls gezwungen werden, dem Trust beizutreten. Es war eine kleine Sensation, als er sich dem Ansinnen der Motion Picture Patents Company widersetzte. Für manchen Betrachter kam dieser tollkühne Schritt einem geschäftlichen Selbstmord gleich. Nahezu alle Filme wurden von der Firma kontrolliert. Ohne sie schien in dem Geschäft nichts zu laufen. Laemmle kämpfte nun den Kampf seines Lebens – und gewann. Er bündelte seinerseits eine Reihe unabhängiger Produzenten und Lizenzhändler. Durch seine Verbindungen nach Europa und insbesondere nach Deutschland konnte sich Laemmle mit genügend Nachschub für seine Nickelodeons eindecken. In der Zeit des Stummfilms reisten Filme ohne aufwendige Synchronisation über Ländergrenzen hinweg.

Die Filme aus Europa trafen jedoch schon damals nicht immer den Geschmack der Massen in Amerika. Um den unersättlichen Hunger der Menschen nach neuen Geschichten zu stillen, begann Laemmle selbst Filme zu produzieren. 1909 gründete er mit Partnern die Independent Motion Picture Company – kurz IMP. In dem hart umkämpften Markt währten die Allianzen nicht lange. Als sein Mitgesellschafter Harry Aitken Laemmles größten Stummfilmstar, die Schauspielerin Mary Pickford, abwarb, zerbrach diese Allianz. Laemmle hatte mittlerweile erkannt, dass sich die Filme besser vermarkten ließen, wenn das Publikum seine Lieblingsschauspieler immer wieder zu sehen bekam. Das Starsystem Hollywoods gilt als seine Erfindung. Im Übrigen ließ er sich von der Niederlage nicht beirren und gründete mit einigen Getreuen eine neue Produktionsfirma, die Universal Film. Zu der Namensgebung hatte ihn ein an seinem Fenster vorbeifahrender Lieferwagen inspiriert. In großen Lettern stand dort „Universal Plumbing" (Universal-Klempnerei) zu lesen.

Die ersten Produktionen der jungen Universal-Studios gingen vor allem mit Horrorfilmen in die Filmgeschichte ein. „Der Glöckner von Notre Dame" und mehrere „Frankenstein"-Filme zählten zu den größten Erfolgen. Daneben gehörten leichte Komödien und die üblichen Western zum Standardrepertoire.

Anfangs wurden die meisten amerikanischen Filme noch in New York und Umgebung hergestellt. Von Carl Laemmle wusste man, dass er seine ersten Filme in einem Biergarten in Brooklyn produzierte. Doch allmählich siedelten sich die Produktionen in Hollywood an. Zum einen herrschten dort bessere Lichtverhältnisse, zum anderen war die Grenze nach Mexiko nahe. In den Zeiten des Kampfs gegen den Edison Trust war die Flucht über die Grenze oftmals die einzige Rettung vor der Beschlagnahmung von Kameras und Filmen.

Laemmle war einer der letzten Filmmoguln, die von New York nach Kalifornien umzogen. 1915 kaufte er 230 Morgen Land im San Fernando Valley. In Hollywood waren um diese Zeit eine ganze Reihe anderer Produktionsfirmen entstanden – die Studios, wie man sie bis heute nennt. Sie glichen kleinen Städten, in denen die Filme wie am Fließband produziert wurden. Jedes Studio entwickelte eine eigene Handschrift und einen unverwechselbaren Stil. Die unumschränkten Herrscher dieser kleinen Reiche waren eine neue Elite, wie sie nur Amerika hervorbringen konnte.

DIE OFFIZIELLE ERÖFFNUNG DER UNIVERSAL CITY AM 15. MÄRZ 1915
Carl Laemmle in der Mitte mit Stock.

LAEMMLE UND ERICH MARIA
REMARQUE

Bei aller Unterschiedlichkeit hatten viele der Studiobosse einige Gemeinsamkeiten. Viele hatten das Filmgeschäft als Betreiber kleiner Nickelodeons begonnen. Die Mehrzahl hatte zuvor in der Textilbranche oder im Kürschnerhandwerk gearbeitet. Und ausnahmslos alle waren jüdische Emigranten, die aus dem deutschsprachigen Europa oder aus Osteuropa eingewandert waren.

Mit Laemmle stieg Universal zu einem der erfolgreichsten Studios in Hollywood auf. Dennoch blieb er unter den Studiobossen eine Ausnahmeerscheinung. Sein Lebensstil war weniger mondän als der seiner Kollegen, und trotz seines kometenhaften Aufstiegs verlor er nie die Bodenhaftung. Zwar gönnte er sich ein repräsentatives Anwesen, fand aber kein Vergnügen an den exzessiven Partys und Gelagen, die schon damals dem Ruf Hollywoods vorauseilten. Der frühe Tod seiner Frau Recha hatte sein Leben mehr verändert, als er jemals zugeben wollte. Er heiratete nicht wieder und verbrachte seine Zeit am liebsten mit seinen Kindern. Sein Sohn folgte ihm mit 21 Jahren auf dem Chefsessel der Universal Studios nach.

Die harten Anfangsjahre in Amerika hatten Laemmle geprägt, und so war er auch auf der Höhe seines Erfolgs bescheiden geblieben. Seine Freundlichkeit trug ihm den Ruf ein, der menschlichste aller Hollywood-Magnaten zu sein. Freunden und Verwandten half er, wo er konnte. Wer immer aus seinem Dunstkreis eine Stellung suchte, konnte auf Laemmles Hilfe rechnen. Kritiker warfen ihm Nepotismus und Vetternwirtschaft vor, Freunde und Verwandte sahen in ihm einen loyalen und verlässlichen Menschen. Als Laemmle 1936 die Universal verkaufen musste, entdeckten die neuen Eigentümer neben zwei Toten über 70 Verwandte von Lämmle auf den Gehaltslisten.

Während all der Jahre in der Neuen Welt ließ Laemmle den Kontakt zur alten Heimat nie abreißen. Er kam fast jedes Jahr einmal nach Europa, um

Laemmle mit seiner Frau Recha, geb. Stern, und den
Kindern Louis und Rebecca.

seine „Leute", wie er sich ausdrückte, wiederzusehen. Als es ihm wirtschaft-
lich besser ging, verband er die Aufenthalte mit einer Kur in Karlsbad. Seine
Besuche in Laupheim waren jedes Mal eine kleine Sensation. Großzügige
Spenden machten ihn zu einem gefeierten Wohltäter. Von seinen vielen
Zuwendungen profitierte die örtliche Armenkasse ganz besonders. Immer
achtete er darauf, dass alle Konfessionen gleichermaßen bedacht wurden.
Auch wenn er der jüdischen Gemeinde besonders nahe stand, verstand er
sich in erster Linie als Laupheimer und erst dann als Jude. Die Laupheimer
konnten Laemmles Hilfe dringend gebrauchen. Nach dem Ersten Weltkrieg
hatte sich die wirtschaftliche Lage in Deutschland dramatisch zugespitzt.
1923 wurde zu einem der schlimmsten Jahre nach dem Krieg. Hyperinflation
und Arbeitslosigkeit trieben die Menschen zur Verzweiflung und in die
Arme populistischer Rattenfänger. Der US-Dollar hatte in diesem Jahr einen
Wert von 4,2 Billionen Papiermark erreicht. Wer seinen Lohn noch ausge-
zahlt bekam, gab das Geld so schnell wie möglich wieder aus. Schon Stunden
später konnte das Erarbeitete nur noch die Hälfte wert sein.

Auch beruflich banden Laemmle viele Kontakte an Deutschland. Eine
einschneidende Veränderung brachte seine Verfilmung von Erich Maria
Remarques „Im Westen nichts Neues". Im April 1930 wurde der Film in Los
Angeles uraufgeführt. Das Buch war ein weltweiter Bestseller, doch die deutsche Uraufführung in Berlin im Dezember 1930 endete im Tumult.
Schlägertrupps der SA störten die Aufführung. Stinkbomben, weiße Mäuse
sowie lautstarkes Grölen begleiteten die Premiere. Die Proteste der Nazis
blieben nicht ohne Erfolg. Der Film wurde zeitweise verboten, weil man in
dem Werk eine Verunglimpfung des deutschen Frontsoldaten sah. Erst nachdem einige besonders „anstößige" Szenen aus der deutschen Fassung
geschnitten wurden, konnte der Film wieder gezeigt werden, bis er schließlich
1933 ganz verboten wurde. Für Laemmle war das Verbot ein Wendepunkt in

Bis zur Machtergreifung der Nationalsozialisten reiste Laemmle jedes Jahr nach Deutschland, wo er seinen Kuraufenthalt in Karlsbad mit einem Besuch in seiner Heimatstadt Laupheim verband.

seinem Verhältnis zu Deutschland. Er beendete die jährlichen Reisen in sein Heimatland.

Der Film ging als der erste Anti-Kriegs-Film in die Geschichte ein. Die schonungslose Darstellung der Kriegserlebnisse einer deutschen Abiturientenklasse brachte Deutschland weltweite Sympathien ein. Auch Carl Laemmle äußerte sich in einem Zeitungsinterview zutiefst patriotisch über den Film: „In erster Linie lasse ich mir die Liebe zu meinem Vaterland von niemandem streitig machen. Die Tatsache, dass ich nur ein kleiner Junge war, als ich nach Amerika kam und hier mein Glück machte, hat niemals auch nur für einen Augenblick meine Liebe zu dem Lande meiner Geburt erlöschen lassen. Als ich Remarques prachtvolles Buch gelesen hatte und bemerkte, welch ein wunderbares Gefühl des Verständnisses für Deutschland dieses Buch in den Herzen der Amerikaner und anderer Nationen auslöste, entschloss ich mich, einen Film daraus zu machen. Das Buch ist von einem echten Deutschen geschrieben worden. Es wurde als Film von einem in Deutschland geborenen Amerikaner hergestellt, viele Deutsche wirkten in dem Film mit. Deutsche, die eine Liebe für ihr Vaterland haben, wie sie die im Reich nicht größer besitzen."

Die Machtergreifung der Nazis kam für Carl Laemmle nicht überraschend. Er war über die Lage in Deutschland bestens informiert und drängte seine Verwandten und Freunde zur Ausreise. Auch in Laupheim brachte das Jahr 1933 einen entscheidenden Einschnitt. Ein sichtbares Zeichen war der einstimmige Gemeinderatsbeschluss vom 13. Juni, die Lämmle-Straße in „Schlageter-Straße" umzubenennen. Die Umbenennung nach dem rechtsradikalen Freikorpskämpfer, einem Idol der nationalsozialistischen Bewegung, dokumentiert den Ungeist der damaligen Zeit.

Laemmle setzte in den Jahren der Machtergreifung alles daran, Menschen in Not die Ausreise aus Deutschland zu ermöglichen. Obwohl den meisten der sichere Tod drohte, blieben vielen die Tore Amerikas verschlossen. Ein festes Quotensystem regelte die Zuwanderung. Die Angst vor Überfremdung, antisemitische Strömungen und die anhaltende Wirtschaftskrise machten die USA für viele Flüchtlinge zu einer unerreichbaren Insel der Glückseligen. Die wenigen Auserwählten, die ein Einreisevisum in die USA erhielten, mussten nachweisen, dass sie wirtschaftlich abgesichert waren. Wer nicht über genug eigenes Vermögen verfügte, brauchte ein so genanntes Affidavit. Diese Bürgschaftserklärung eines US-Bürgers garantierte dem Staat, dass der Bürger für alle Lasten und finanziellen Verpflichtungen des Immigranten aufkam. Laemmle stellte über 250 solcher Bürgschaftserklärungen aus.

Hollywood und Babelsberg

Hollywood war keine deutsche Erfindung. Doch die Menschen, die Hollywood aus der Taufe gehoben haben, waren von der deutschen Kultur maßgeblich geprägt. Denn ausnahmslos alle späteren Filmmagnaten und Studiobosse waren jüdische Emigranten aus dem deutschsprachigen Europa oder aus Osteuropa.

Mit aller Kraft suchten die Einwanderer nach Wegen, um an den Reichtümern der Neuen Welt teilzuhaben. Dabei mussten sie Flexibilität und Kreativität an den Tag legen. Das Amerika der Jahrhundertwende mit seinen alteingesessenen Eliten an der Ostküste war für die mittellosen Neuankömmlinge eine verschlossene Welt. Auf dem Weg zu Wohlstand und sozialer Anerkennung, doch ohne Geld und Ausbildung, ergriffen die talentierten und Ehrgeizigen unter ihnen jede Chance, die Amerika bot. Viele landeten zunächst in den Berufen, die europäische Juden seit Jahrhunderten ausübten: Hausierer, Kürschner, Schneider und Händler.

MARLENE DIETRICH

Zwischen Babelsberg und Hollywood bestand bereits in den dreißiger Jahren ein reger Austausch. Mit Hitlers Machtergreifung setzte ein Exodus der besten Talente ein.

DEUTSCHLANDS ERSTES
FILMSTUDIO *entstand auf dem Gelände
der Bioscope Film in Babelsberg. Es war der
Grundstein für den späteren Erfolg der deutschen
Filmindustrie, die zeitweise eine ernst zu nehmende
Konkurrenz für Hollywood war.*

Das aufkeimende Hollywood bot die einmalige Gelegenheit, sich aus dem Ghetto der Herkunft zu befreien und zu einer neuen Elite der USA zu werden. Für die alteingesessenen Amerikaner galt das Geschäft mit den kurzen Filmchen als unseriös, nicht aber für die jüdischen Einwanderer aus Mittel- und Osteuropa. Die Biografien der ersten Studiobosse belegen dies auf eindrucksvolle Weise. Wilhelm Fried war das Kind deutschsprachiger Juden, die aus der k. u. k. Monarchie nach Amerika auswanderten. Als William Fox gründete er die heute zum Imperium Rupert Murdochs gehörenden Twentieth Century-Fox Studios. Marcus Loew kam als Kind österreichischer Einwanderer in New York auf die Welt. Zusammen mit dem Ukrainer Lazar Meir (Louis B. Mayer, 1885–1957) gründete er das Studio Metro Goldwyn Mayer. Der Name Goldwyn war aus der Verschmelzung der Namen Schmuel Gelbfisz (Samuel Goldfish) und Edgar Selwyn entstanden, die ebenfalls aus Osteuropa eingewandert waren. Adolph Zukor hatte deutschsprachige Eltern und kam aus dem Ungarn der k. u. k. Monarchie. Er gründete die Paramount Pictures. Der Gründer der Columbia Studios, Harry Cohn, war ebenfalls Sohn deutscher Einwanderer. Und schließlich müssen die Gebrüder Warner erwähnt werden, die aus einer jiddisch sprechenden Familie namens Varmja im damaligen Russland stammten.

Parallel zur Entwicklung in Hollywood entstand in Berlin-Babelsberg kurz nach der Jahrhundertwende eine Filmindustrie, die eine ernst zu nehmende Konkurrenz für die Hollywood-Studios darstellte. Filme waren in der Stummfilmzeit ein internationales Gut. Synchronisation und verschiedene Sprachfassungen entfielen, und dem Filmhandel waren keine nationalen Schranken gesetzt. So wurde Babelsberg mit der UFA die mächtigste und bedeutendste Filmproduktion in Europa. Auf ihrem Höhepunkt im Jahr 1921 produzierten die Studios jährlich etwa 600 Filme.

Die UFA war in den letzten Jahren des kaiserlichen Deutschlands auf

Betreiben der militärischen Führung entstanden. Sehr spät hatte man die machtvolle Wirkung der Bilder auf die Meinungsbildung im Volk erkannt. Um die Moral an der Heimatfront aufrechtzuerhalten, wurden dem Volk Bilder von motivierten und frischen deutschen Soldaten aus der Etappe gezeigt. Das elende Massensterben in den Schützengräben der Westfront wurde dem Publikum vorenthalten.

Ihre Blüte erlebte die UFA in der Weimarer Republik. Höhepunkte der Filmgeschichte wie Fritz Langs „Metropolis" oder „Der blaue Engel" von Josef von Sternheim entstanden in dieser Zeit. Um an dem boomenden Filmgeschäft in Deutschland teilzuhaben, gründete Laemmle die deutsche Universal Film Gesellschaft. Viele der großen Talente holte Laemmle schon lange Zeit vor der nationalsozialistischen Machtergreifung in die USA. Ernst Lubitsch, Josef von Sternberg, F. W. Murnau und Marlene Dietrich sind nur einige der prominenten Namen, die in dieser Zeit bereits in den USA arbeiteten.

Als die Nationalsozialisten an die Macht kamen, rissen sie die Kontrolle über die Filmindustrie an sich. Mit dem Aufstieg der Nazis und dem beginnenden Tonfilmzeitalter begann der Stern der deutschen Filmindustrie zu sinken. Die Nazis machten die UFA zu einer Volksbelustigungsmaschine. Leichte Unterhaltung wurde geboten, um das Volk bei Laune zu halten.

Im Juli 1933 richtete die NSDAP die Filmkammer ein. Sie war der Vorläufer der berüchtigten Reichskulturkammer, die alle Filme der nationalsozialistischen Zensur unterstellte. Noch im selben Jahr stellte die deutsche Universal ihre Filmproduktion in Berlin ein. Noch glaubten viele Menschen in Deutschland, unter ihnen nicht wenige jüdische Mitbürger, dass sich die heftigen Aktionen des neuen Regimes nach einer Anfangszeit wieder legen würden. Ein tödlicher Irrtum.

ADOLPH ZUKOR (links) UND MARCUS LÖW

Viele der Hollywood-Bosse kamen aus dem deutschsprachigen Europa. Adolph Zukor, der Gründer der Paramount Pictur, kam aus dem Ungarn der k. u. k. Monarchie. Marcus Loew, der Mitbegründer der MGM Studios, wurde als Kind österreichischer Einwanderer in New York geboren.

FLUCHT IN DIE DEMOKRATIE

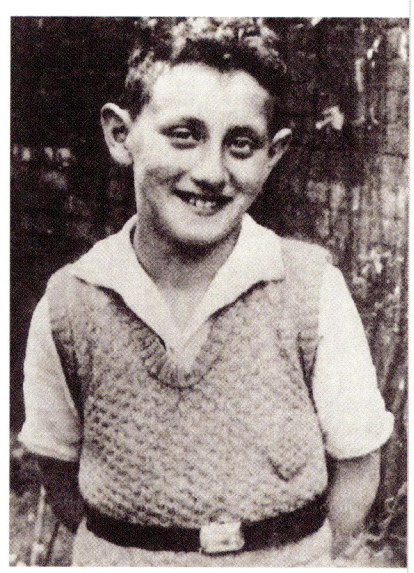

HENRY KISSINGER *als Schüler mit*
acht Jahren in Fürth. 1931 ahnte noch niemand,
dass Adolf Hitler seine antisemitischen Wahn-
vorstellungen in die Tat umsetzen würde.

HENRY KISSINGER UND DER BRAIN DRAIN AUS DEUTSCHLAND

„1938 sollte ich in der Schule einen Aufsatz darüber schreiben,
was es für mich bedeutet, Amerikaner zu sein. Ich schrieb, es ist das Land,
in dem man mit erhobenem Haupt über die Straße gehen kann."
Kissinger in seiner Abschiedsrede als Außenminister 1977

Mit der Machtergreifung der Nazis 1933 setzte eine enorme Flüchtlingswelle deutscher Juden ein, die 1938 ihren Höhepunkt fand. Etwa 300 000 Menschen gelangten ins rettende Ausland – Amerika gehörte zu den Zielen, die die größten Hoffnungen weckten. Einige wurden in den USA einflussreiche Politiker, Wirtschaftsführer, Wissenschaftler oder Künstler. So wurde Michael Blumenthal Finanzminister der USA, Arthur Burns kam als US-Botschafter nach Deutschland zurück, die beiden Breslauer Walter Laqueur und Fritz Stern wurden bedeutende Historiker und Publizisten.

Es ist eine Ironie des Schicksals, dass die Angehörigen dieser Generation nach dem Zweiten Weltkrieg eine der wichtigsten Brücken Amerikas nach Deutschland bildeten. Sie trugen dazu bei, die Verbindung zum Nachkriegsdeutschland wieder aufzubauen. Obwohl sie Amerikaner geworden waren, blieben sie mit der deutschen Kultur vertraut. Henry Kissingers spektakulärer Aufstieg in das Amt des Außenministers der USA und die Verleihung des Friedensnobelpreises machten ihn zur Symbolfigur einer ganzen Generation jüdischer Flüchtlinge aus Deutschland.

Henry Kissinger wurde am 27. Mai 1923 als Heinrich Alfred Kissinger geboren. Die Familie lebte in Fürth, wo Kissingers Vater als Studienrat am

Lyzeum arbeitete. Bis zur Machtergreifung Hitlers verlief die Kindheit des jungen Heinrich weitgehend normal. Er liebte den Fußball und begeisterte sich für seinen Verein, die Spielvereinigung Fürth, die 1914, 1926 und 1929 deutscher Meister wurde. Bis zum heutigen Tag informiert sich Kissinger jeden Montag über die Ergebnisse des Vereins. 1988 ernannte der Verein der Kleeblatt-Elf den ehemaligen Außenminister und Friedensnobelpreisträger zum Ehrenmitglied. Doch bis dahin war es ein langer Weg.

Nach der Machtergreifung Hitlers wollten die meisten deutschen Juden nicht wahrhaben, dass die neue Regierung ihre grausamen Verheißungen in die Tat umsetzen würde. An antisemitische Töne war man gewöhnt, doch wie den meisten Deutschen fehlte es auch den jüdischen Mitbürgern an Vorstellungskraft für die kommenden Gräueltaten. Dabei waren die Signale für aufmerksame Beobachter nicht zu überhören. Bereits 1923 hatte Julius Streicher sein antisemitisches Hetzblatt „Der Stürmer" in Nürnberg gegründet. Aber noch gingen seine gefährlichen Botschaften im allgemeinen radikalen Grundrauschen der Weimarer Republik unter. Auch als die Nazis anfingen, Ernst zu machen, gaben viele die Hoffnung nicht auf. Den Boykott jüdischer Geschäfte nach der Machtergreifung nahm man noch als Ausrutscher hin. Aber mit der Einführung der Nürnberger Rassengesetze 1935 wurde die Lage für viele sehr ernst. Für den Vater von Heinrich Kissinger bedeuteten sie ein Berufsverbot. Der Studienrat durfte von einem Tag auf den anderen nicht mehr unterrichten. Heinrich und seinem Bruder Walter war durch die Gesetze nicht nur der Zugang zum Gymnasium, sondern auch zum geliebten Fußballverein verschlossen. Von ihren Altersgenossen wurden sie geschnitten und nicht selten verprügelt, wenn sie nicht rechtzeitig die Flucht ergriffen oder auf die andere Straßenseite wechselten. Dass nunmehr all ihre Altersgenossen in der Hitlerjugend waren, von der sie selbstverständlich auch ausgeschlossen waren, machte die Ausgrenzung perfekt.

KISSINGER, ANN FLEISCHER
UND WALTER OPPENHEIM, 1943

Kissinger und Oppenheim waren schon seit ihrer
Schulzeit in Fürth befreundet. Auch in New York
blieben die beiden Flüchtlinge in engem Kontakt.
Sie warben beide um die Gunst von Ann Fleischer, die
aus Nürnberg in die USA geflohen war. 1949 entschied
sie sich für Henry Kissinger und heiratete ihn.

In dieser Situation harrte die Familie Kissinger aus, weil sie nicht wahrhaben wollte, was um sie herum geschah. Schließlich traf Heinrichs Mutter gerade noch in letzter Minute die rettende Entscheidung zur Flucht. Schon kurz nach den Nürnberger Rassengesetzen hatte sie an eine Cousine ersten Grades geschrieben, die bereits einige Jahre vorher nach New York emigriert war. In dem Brief fragte sie an, ob sie ihre beiden Söhne Heinrich und Walter zu ihr schicken könnte. Die Cousine antwortete prompt, aber riet Paula Kissinger dringend, mit der gesamten Familie zu fliehen.

Paula Kissinger tat sich, wie so viele Menschen ihrer Generation, mit einer so einschneidenden Entscheidung schwer. Zum einen hatte sie Angst vor einem Neuanfang in einer Welt, die sie nur vom Hörensagen kannte, zum anderen hing sie sehr an ihrem Vater, der an Krebs litt. Erst 1938, als sich das Klima immer mehr verschärfte, flohen die Kissingers mit nicht mehr als dem, was sie tragen konnten. Die nötigen Papiere der US-Botschaft waren eingetroffen. Heinrich Kissinger sagte später, dass er seinen Vater nur einmal habe weinen sehen, und zwar als er sich von den Großeltern verabschiedete. Es waren dramatische Szenen, die sich im Deutschland dieser Jahre tausendfach wiederholten.

Die überwiegende Mehrzahl der Flüchtlinge waren ganz normale Deutsche, Menschen wie die Eltern Henry Kissingers, Louis und Paula Kissinger, geborene Stern. Sie fühlten sich als typische Angehörige der deutschen Mittelklasse und waren fest in der deutschen Kultur verwurzelt. In keinem anderen Land hatten sich die Juden so emanzipiert wie in Deutschland. Mit Erfolg und viel Energie hatten sie die Freiheiten genutzt, die ihnen die rechtliche Gleichstellung seit dem 19. Jahrhundert ermöglichte. Die assimilierten Juden blickten mit einer gewissen Distanz auf die ihrer Ansicht nach rückständigen, orthodoxen Juden in den Schtetln Osteuropas. Ein Großteil der deutschen Juden gehörte dem reformierten Judentum an oder war so weitgehend assimiliert, dass sie erst durch die Nazis wieder an ihr Erbe erinnert wurden.

Für den jungen Kissinger war die Flucht aus Deutschland so unfassbar, dass er bei seiner Ausreise dem Zollbeamten die trotzigen Worte entgegenschleuderte: „Eines Tages werde ich zurückkommen." In der Tat kam er zurück, erst als amerikanischer Besatzungsoffizier und später als Außenminister der Vereinigten Staaten von Amerika.

Nach der Ankunft der Kissingers in New York bezog die Familie eine kleine Wohnung im Stadtteil Washington Heights. Von der Anhöhe aus hatte einst der amerikanische Bürgerkriegsgeneral und erste Präsident George Washington die Briten belagert. Nun war das Viertel ein Anlaufpunkt für die deutsch-jüdische Gemeinde geworden. Fast alle Emigranten aus Deutschland ließen sich hier nieder. Um die Jahrhundertwende war der Stadtteil vornehmlich von Juden bevölkert, die vor den Pogromen im zaristischen Russland geflohen waren. Inzwischen hatten diese sich hochgearbeitet und waren in bessere Gegenden gezogen.

Washington Heights war ein Mikrokosmos des ehemaligen kleinbürgerlichen jüdischen Lebens in Deutschland. In der 53. Straße wurde bis in die achtziger Jahre hinein Deutsch gesprochen, und man konnte bei deutschen Bäckern und Delikatessenläden einkaufen. Die 1934 gegründete deutsch-jüdische Zeitung „Der Aufbau" hat sich bis heute erhalten. Die meisten Kinder besuchten die im Sprengel gelegene George Washington Highschool. Obwohl der Wechsel von Fürth nach New York nicht krasser sein konnte, wurde er dadurch gemildert, dass auch ehemalige Schulkameraden aus Fürth in New York auf der Schulbank saßen. Untereinander sprachen die Kinder fast ausschließlich Englisch. Heinrich Kissinger galt als ausgesprochener Bücherwurm und als sehr introvertiert. Die Schule bereitete ihm keine Probleme, und die englische Sprache beherrschte er schnell. Allerdings wurde

HENRY KISSINGER UND FRITZ KRAEMER, 1945

Der Preuße Kraemer wurde zum Mentor des jungen Exilanten Kissinger. Er wurde auf den Soldaten aufmerksam und machte ihn zum Abwehroffizier. Später sagte Kraemer: „Meine Rolle war nicht, Kissinger zu entdecken, sondern Kissinger zu helfen, sich selber zu entdecken!"

FRITZ KUHN *führte die amerikanische Variante des Nationalsozialismus an. Der Deutsch-Amerikanische Bund machte vor allem durch lautstarke Auftritte auf sich aufmerksam. Unter den Deutsch-Amerikanern hatten Kuhn und seine Bewegung wenig Rückhalt. Die Mehrheit der Deutsch-Amerikaner war in der Vereinigung der „Loyal Americans of German Descent" organisiert.*

Henry Kissinger, wie er sich fortan nannte, seinen starken fränkischen Akzent nie los. Wie viele andere Emigranten musste Henry mit 16 arbeiten, um seinen Beitrag zum Familienunterhalt zu leisten. Er tat dies in der Bürstenfabrik Leopold Aschers und besuchte nach der Arbeit die Abendschule. Später ging er auf das New Yorker City College und schloss die Ausbildung zum Buchhalter ab, seinem damaligen Wunschberuf. Eine Perspektive, die er sich von seinem Vater angeeignet hatte, der in den USA mit der Erbsenzählerei sein Geld verdiente. Aber so weit sollte es nicht kommen. Die Zukunftspläne der Generation Kissinger wurden abermals durch den Krieg in Frage gestellt.

1943 erhielt der 19-Jährige seinen Einberufungsbefehl in die US-Armee. Die Grundausbildung in Camp Croft in Spartanburg war eine harte Bewährungsprobe. Viele lernten neben dem militärischen Drill erstmals das Leben außerhalb ihres geschützten Emigranten-Ghettos in Washington Heights kennen. Raue Gesellen aus dem Mittleren Westen mischten sich mit Männern aus den Südstaaten. Die amerikanische Armee war im Zweiten Weltkrieg vielleicht das letzte Mal der große nationale Schmelztiegel, der sie schon im Unabhängigkeits- und später im Bürgerkrieg war.

In der US-Armee begegnete Kissinger seinem späteren Mentor, Fritz Kraemer. Dieser war aus Protest aus dem nationalsozialistischen Deutschland geflohen. Der Preuße gehörte der Oberschicht der Weimarer Republik an, die den neuen Führer herablassend den „böhmischen Gefreiten" nannten. Kraemer hatte sich bei der US-Armee verpflichtet, um Deutschland zu befreien. Kissinger lernte er bei einer politischen Weiterbildung für Rekruten kennen. Er erkannte das Talent des jungen Mannes und seine Passion für Geschichte. „Er weiß nichts, aber versteht schon alles", waren die schnippisch anerkennenden Worte, mit denen er Kissinger zunächst als Übersetzer für den kommandierenden General Bollinger empfahl. Durch Kraemers

Patronage wurde Kissinger dem Counter Intelligence Corps zugeteilt. Die Spezialeinheit hatte die Aufgabe, im besetzten Deutschland nach ehemaligen Nazi-Größen zu suchen. So kam es, dass Kissinger während des ganzen Krieges keinen einzigen Schuss abfeuern musste.

Am 9. November 1944, sechs Jahre nach seiner Flucht, betrat Kissinger mit seiner Einheit erstmals wieder deutschen Boden. Allerdings gelang die endgültige Besetzung erst im März 1945. Kissinger wurde zunächst damit beauftragt, die Zivilverwaltung der Stadt Krefeld wiederherzustellen und die ortsbekannten Nazis auszuheben. Später wurde er in die Stadt Bensheim abkommandiert, wo er eine Villa requirierte und sich weiter an die Entnazifizierung machte.

Für manchen jüdischen Emigranten unter den GIs war es nicht leicht, die Wut über die deutschen Verbrechen an ihren Landsleuten zurückzuhalten. Kissinger gehörte zu jenen, die sich bemühten, ihren verständlichen Zorn zurückzuhalten. Er wollte weder die antisemitischen Stereotypen bedienen, die noch frisch in den Köpfen der Menschen waren, sondern auch Amerika und sich selbst nicht ins Unrecht setzten. So vermied er alles, was seine jüdisch-deutsche Herkunft allzu offensichtlich machte. Er stellte sich einfach als Mr. Henry vor, den Namen Kissinger unterschlug er in dieser Zeit.

Auch hier war Kissinger kein Einzelfall. Viele der Emigranten amerikanisierten ihre Namen. Die Vereinigten Staaten boten aber auch die einzigartige Möglichkeit, Namen loszuwerden, die für jedermann als jüdisch erkennbar waren und so leichter zur Diskriminierung führen konnten. Juden hatten bis ins 19. Jahrhundert in Deutschland keinen Familiennamen. Erst die moderne Verwaltung hatte viele gezwungen, einen solchen anzunehmen. Kissinger möchte bis heute zunächst als Amerikaner und erst in zweiter Linie als Jude wahrgenommen werden. Daran hielt er sich auch in schwierigen Situationen. Als er anlässlich der Verleihung der Ehrenbürgerschaft der Stadt Fürth 1975

HENRY KISSINGER, 1972
Auf dem Höhepunkt seiner Karriere, als Sicherheitsberater von Präsident Nixon. 1973 wurde Kissinger zum Außenminister der USA berufen.

MIT DER
„REICHSKRISTALLNACHT" 1938
wurde auch den Kissingers klar, dass
an eine Besserung der Verhältnisse für
Juden in Deutschland nicht mehr zu denken war.
Oben die zerstörte Hauptsynagoge in Berlin

mit seinen Eltern nach Deutschland kam, verlor er kein Wort über die Vergangenheit. Seine Mutter äußerte sich später zu ihren wahren Gefühlen: „In meinem Herzen wusste ich, dass sie uns mit den anderen verbrannt hätten, wenn wir geblieben wären." Aber auch sie machte gute Miene zu dem merkwürdigen Schauspiel.

Kissinger hatte schon während seiner Zeit als Besatzungssoldat die Stätten seiner Kindheit aufgesucht. Das verwaiste Haus der Großeltern, die Schule, in der sein Vater gelehrt hatte, und die alte Heimatstadt Fürth. Alle jüdischen Mitbürger waren entweder geflohen oder in den Konzentrationslagern ermordet worden. Wie durch ein Wunder fand Kissinger einen Klassenkameraden aus der jüdischen Realschule wieder, der als Einziger aus seiner Familie das Konzentrationslager Buchenwald überlebt hatte. Er half Helmut Reissner, sich körperlich von den hinter ihm liegenden Qualen zu erholen und in die USA zu emigrieren. Mit aller Brutalität wurde ihm klar, wieviel Glück er und seine Eltern hatten, dass sie der Mordmaschine der Nazis noch entkommen konnten.

Eine großzügige Regelung der amerikanischen Regierung, die G.I. Bill of Rights, ermöglichte den Rückkehrern das kostenlose Studium an einer amerikanischen Universität. So kam es, dass eine ganze Generation von Flüchtlingen an amerikanischen Eliteuniversitäten studierte. Harvard, Yale, Columbia und Princeton platzten nach dem Krieg förmlich aus allen Nähten, weil die Kriegsheimkehrer bildungshungrig an die Hochschulen drängten. Kissinger entschloss sich, sein Studium in Harvard aufzunehmen. Es war das erste Mal in der Geschichte der Universität, dass mehr als die Hälfte der Studenten von öffentlichen Schulen kam und nicht von den elitären Privatschulen der Oberschicht. Auch der althergebrachte Antisemitismus der Ivy-League-Universitäten hatte sich nach dem Krieg gelegt. Der Holocaust rückte erst später in das Bewusstsein der Amerikaner. Die meisten

Juden in Amerika wollten in der unmittelbaren Nachkriegszeit nicht als schwache Opfer gelten. Die Demütigungen, die sie in der Nazi-Zeit ohne Gegenwehr über sich hatten ergehen lassen müssen, wirkten bei den Menschen nach. So passte es ins Bild der Nachkriegszeit, dass sich jüdische Organisationen in New York weigerten, eine Holocaust-Gedenkstätte zu errichten. Die Begründung: Es sei nicht im Interesse der Juden, sich auf ewig als schwaches und verteidigungsunfähiges Volk darzustellen. Hinzu kam, dass während des Kalten Krieges das westliche Deutschland ein wichtiger Verbündeter der USA war. In dieses Umfeld passte die Auseinandersetzung mit der Schuld der führenden Klasse nicht. Erst mit dem Prozess gegen Adolf Eichmann 1961 erfuhr die breite amerikanische Öffentlichkeit von dem Ausmaß der an den Juden begangenen Verbrechen. Das Gerichtsverfahren wurde in den USA landesweit im Fernsehen übertragen. Einen weiteren Bewusstseinswandel führte die Fernsehserie „Holocaust" herbei, die 1978 ausgestrahlt wurde. Nahezu hundert Millionen Amerikaner sahen die Sendungen. Der Kassenerfolg von „Schindlers Liste" und die Einweihung des „United States Holocaust Memorial Museum" waren weitere Meilensteine der Entwicklung.

Wie ihre ehemaligen deutschen Landsleute waren in der Nachkriegszeit viele Juden damit beschäftigt, sich eine neue Existenz aufzubauen. Der Blick war nach vorn gerichtet, die schmerzvolle Aufarbeitung des Erlebten wurde vertagt. Die deutschen Juden setzten ihre in Deutschland begonnene Assimilation nun nahtlos in Amerika fort. Sie wollten gute Amerikaner werden, so wie sie in Deutschland gute Deutsche gewesen waren. Es überrascht daher nicht, dass Henry Kissinger sich als Student gegen die Gründung eines jüdischen Staates in Palästina aussprach. Er glaubte, dass dies die Araber vor den Kopf stoßen würde und amerikanische Interessen in der Region empfindlich beeinträchtigen könnte. Seine Kommilitonen in Harvard waren verblüfft

MICHAEL BLUMENTHAL
wurde Finanzminister der USA. Er floh über Shanghai in die USA.

FRITZ STERN *(oben) studierte*
Geschichte und ist als Professor der
Columbia-Universität für deutsche
Geschichte einer der wichtigen
Förderer des transatlantischen Dialogs.
WALTER LAQUEUR *kam*
wie Fritz Stern ebenfalls aus Breslau.
Der Publizist war Vorsitzender der
Carnegie-Stiftung.

über diese Haltung. Einer seiner Zimmergenossen sagte später: „Ich hatte den Eindruck, dass Kissinger während seiner Jugend weniger antisemitischen Anfeindungen ausgesetzt war als ich als Kind in New Jersey."

Die meisten deutschen Juden, vor allem der älteren Generation, waren keine Anhänger der zionistischen Bewegung. Ihre bürgerliche und konservative Haltung stand dem revolutionären Vorhaben Israel entgegen. Gegen Israel sprach bei vielen auch die Angst vor der politischen Unsicherheit, die den neuen Staat von Anfang begleitete. Es konnte den Menschen, die den Holocaust überlebt hatten, nicht zugemutet werden, sich erneut in einen Staat zu begeben, der von Feinden umgeben war. Natürlich gab es auch andere Stimmen, die aber nicht die Oberhand gewannen. Eine war die Albert Einsteins. Als man ihm antrug, nach Chaim Weizman der zweite Präsident Israels zu werden, lehnte er zwar ab – aber nicht, weil er ein Gegner des Zionismus war, sondern weil ihn seine schlechte Gesundheit hinderte.

Das rettende Ausland

1933 lebten rund 520 000 Juden in Deutschland. Mit der Machtergreifung Hitlers setzte eine enorme Fluchtwelle an, die bis 1938 anstieg und dann jäh abbrach. Mit der fortschreitenden Entrechtung der Juden durch die Nationalsozialisten wurde die Flucht immer schwerer und schließlich fast unmöglich. Insgesamt gelang etwa 300 000 deutschen Juden die Flucht ins rettende Ausland.

In den USA begriff man anfangs nicht die Tragweite der Judenverfolgung. Gleichzeitig nahm man die jüdischen Flüchtlinge als Deutsche wahr. Es gab Stimmen, die vor einer Unterwanderung der amerikanischen Gesellschaft warnten. Ein schwelender Antisemitismus war ein zusätzliches Hindernis für eine großzügige Einreiseregelung. Zudem gab es feste Einwanderungsquoten. Offiziell durften 1938 genau 27 370 Deutsche einreisen. Tatsächlich gelangten in diesem Jahr nur 17 868 Flüchtlinge in die USA. Wesentlich mehr hätten also auch unter der restriktiven Quotenregelung in die USA einwandern können, wenn man diese nicht so streng gehandhabt hätte . Wer nicht in die USA flüchten konnte, versuchte nach Südamerika, Südafrika, England oder in die Schweiz zu reisen. Palästina bot Zuflucht, aber auch exotische Ziele wie Shanghai, für die man kein Visum benötigte. Es übersteigt das menschliche Fassungsvermögen, die vielen Dramen nachzuvollziehen, die sich bei der Flucht aus Deutschland abspielten. Walter Laqueur hat in seinem Buch „Geboren in Deutschland" ein nüchtern schockierendes Dokument dieser Generation verfasst, die wider Willen von der deutschen Provinz auf die Weltbühne geworfen wurde. Unter den Jüngeren, die nicht die Eltern und Geschwister verloren, empfanden einige in ihrer jugendlichen Unbeschwertheit sogar Anflüge von Abenteurertum. Für die Älteren war es schon schwerer, sich in der Fremde zurechtzufinden. Neben den psychischen Folgen der Flucht war vielen, wie etwa Rechtsanwälten, Schriftstellern und Journalisten, ihr Handwerkszeug, die deutsche Sprache, genommen worden. Amerika erfuhr durch die vielen jüdischen Flüchtlinge einen enormen Schub, vor allem auf dem Gebiet der Wissenschaften. Nicht nur intellektuelle Schwergewichte wie Albert Einstein, der zum populärsten Wissenschaftler der Welt wurde, fanden in den USA ein weites Betätigungsfeld. Auch weniger bekannte Forscher, wie etwa sein Verwandter Alfred Einstein, der in den USA die Musikwissenschaft populär machte, wurden gebraucht und geschätzt.

Herausragende Vertreter des deutschen kulturellen Lebens fanden während der nationalsozialistischen Diktatur Zuflucht in den USA – entweder zeitweise wie THOMAS MANN *(oben) oder für immer wie* WALTER GROPIUS, *der die Ideen des Bauhauses nach Amerika brachte.*

AUFBRUCH INS ALL

EMMY UND MAGNUS VON BRAUN

mit ihren Söhnen Sigismund, Magnus und Wernher

WERNHER VON BRAUN UND DER TRAUM VON DER BEMANNTEN RAUMFAHRT

„Mein Land hat zwei Weltkriege verloren. Diesmal möchte ich auf der Seite der Sieger stehen." Wernher Freiherr von Braun, 1969

Wissenschaftler lebten im Deutschland des Jahres 1945 gefährlich, besonders wenn sie an geheimen Rüstungsprojekten der Nazis arbeiteten. Sie gehörten zur begehrtesten Kriegsbeute der Sieger. Offiziell sprach man von geistigen Reparationen, tatsächlich waren die Inspektionen der Sieger eher technologische Raubzüge. Ganz oben auf der Wunschliste der Fahnder standen die Peenemünder Raketenforscher, die Wernher von Braun um sich geschart hatte. Sie arbeiteten an der Konstruktion der damals bahnbrechenden Fernrakete A4, der späteren V2. Der herausragende Wissenschaftler von Braun und seine Kollegen stellten sich nach Kriegsende den Amerikanern und gelangten so 1945 in die USA.

Die Biografie Wernher von Brauns steht für die letzte große Einwanderungswelle aus Deutschland in die USA. Nach der Vertreibung der jüdischen Intelligenz folgte der Exodus wissenschaftlicher Spitzentalente der Nazi-Ära. Der Großteil der Immigranten aber waren Menschen, die durch den Krieg ihrer Wurzeln beraubt worden waren: ehemalige KZ-Häftlinge, Zwangsarbeiter, Kriegsbräute und Heimatvertriebene, denen die Rückkehr in ihre angestammte Heimat nicht mehr möglich oder nicht mehr zuzumuten war, teils weil diese nicht mehr existierte, teils weil sie dort dem Hass der aufgewiegelten Massen zum Opfer gefallen wären. Für all die durch den Zweiten Weltkrieg Entwurzelten wurde von der US-Regierung 1948 eine großzügige Einwanderungsregelung erlassen. Insgesamt emigrierten in den fünfziger und sechziger Jahren 786 000 Deutsche nach Amerika.

Wernher von Braun wurde 1912 in der preußischen Provinz Posen geboren. Die Brauns verkörperten den Typus der preußischen Junkerfamilie. Sie waren den Wertvorstellungen des ausgehenden 19. Jahrhunderts verhaftet, denen zufolge gleich nach dem lieben Gott der preußische König kam und dann lange nichts. Für einen Aristokraten kam von alters her neben einer Tätigkeit in der Verwaltung nur noch die Offizierslaufbahn oder die Bewirtschaftung der eigenen Güter in Frage. Von Brauns Vater hatte die Verwaltung gewählt und war als preußischer Landrat im damaligen Wirsitz (heute Wyrzysk) eine Institution. Mit umfassenden Kompetenzen ausgestattet, genoss er hohes Ansehen in der Bevölkerung, auch wenn er nicht von dieser gewählt wurde.

Mit dem Ende des Ersten Weltkrieges wurden die von Brauns jäh in die Wirklichkeit des 20. Jahrhunderts geworfen. Der Kaiser hatte abgedankt, und im Zuge des Versailler Vertrages wurde die Provinz Posen dem wiedererstandenen Polen zugeschlagen. Der Vater wurde nie ein Freund der Weimarer Republik, die er, wie viele seiner Zeitgenossen, für Deutschlands Niedergang verantwortlich machte. Konsequent arbeitete er auf ihre Abschaffung hin. Als Teilnehmer des Kapp-Putsches wurde er gefangengenommen und verurteilt. Seiner weiteren Karriere tat dies allerdings keinen Abbruch. In den letzten demokratischen Kabinetten der Weimarer Republik unter von Papen und von Schleicher war von Braun Reichsminister für Ernährung und Landwirtschaft. Das Kabinett der Barone ging als Totengräber der Weimarer Republik in die Geschichte ein. Mit Billigung des greisen Reichspräsidenten Hindenburg machten sie Adolf Hitler zum Reichskanzler.

*8

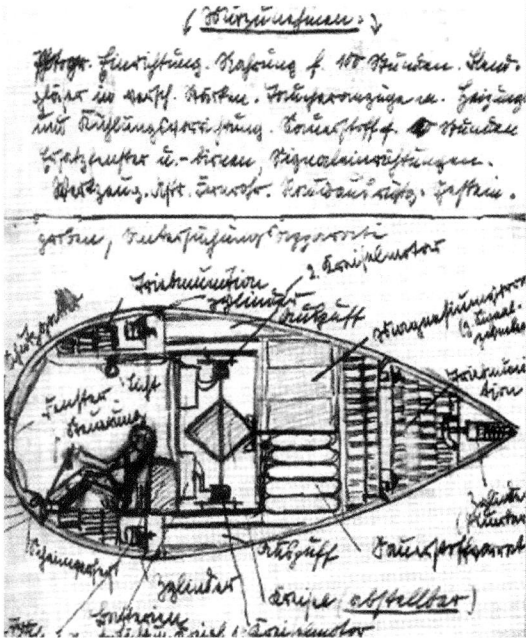

SKIZZE EINER
BEMANNTEN RAKETE

*Bereits im Alter von fünfzehn
Jahren befasste sich Wernher von Braun
intensiv mit der Raumfahrt.*

In diesem Milieu wuchs Wernher von Braun als zweiter von drei Söhnen auf. Auch er übernahm die ablehnende Haltung gegenüber der Weimarer Republik. Die Eltern vermittelten den Kindern eine traditionelle Erziehung, die sie auf den Staatsdienst oder eine militärische Karriere vorbereiten sollte. Sorgen bereitete dem Vater sein Sohn Wernher, der völlig aus der Art zu schlagen schien. Der Junge begeisterte sich schon als Teenager für Raketen und Astronomie.

In seinen Memoiren führte von Braun dieses Interesse auf den mütterlichen Erbteil zurück. Zu seinem 13. Geburtstag schenkte die Mutter ihm ein astronomisches Fernrohrs mit dem der Junge das Weltall erkunden konnte. Wie viele seiner Altersgenossen verschlang er zudem die phantastischen Geschichten Jules Vernes und träumte nachts von Reisen zum Mond und zum Mars. Als 1923 Hermann Oberths Buch „Die Rakete zu den Planetenräumen" erschien, bekam die Begeisterung des Jungen neue Nahrung. Das Buch war das Grundlagenwerk der modernen Raketenforschung. Der Schüler kämpfte sich durch die vielen komplizierten Formeln und paukte eigens Mathematik und Physik, wozu ihm eigentlich die Neigung fehlte.

Auch der Geist der Zeit unterstützte die Begeisterung des Teenagers. Fritz Lang drehte 1928 den Film „Die Frau im Mond". Hermann Oberth stand dem Regisseur dabei als wissenschaftlicher Berater zur Seite. Der Streifen löste allgemeine Begeisterung aus. Die krisengeschüttelte Weimarer Republik flüchtete sich in die Weiten des Weltalls und schwelgte dabei unbewusst in den Zeiten alter Größe vor dem Krieg.

Seit dieser Zeit war von Braun von der Idee besessen, eine bemannte Rakete auf den Mond zu schießen. Diese frühe Vision prägte sein gesamtes weiteres Leben. Durch seinen Vater verfügte er über hervorragende Kontakte zu den Eliten der Republik, und die Gabe, seine Vision jedem in einfachen Worten verständlich zu machen, half ihm zusätzlich.

Während seines Studiums in Berlin bastelte er mit einer Gruppe von Tüftlern um Oberth am Bau eines Raketenmotors. Bis 1932 gelangen mehrere erfolgreiche Abschüsse einer so genannten Minimalrakete – kurz Mirak genannt. Auch Offizieren der Reichswehr waren diese ersten Erfolge nicht entgangen. Im Heer arbeitete man parallel ebenfalls an der Entwicklung von Fernlenkwaffen. Zwar verbot der Versailler Vertrag nahezu alle Rüstungsaktivitäten, jedoch nicht die Entwicklung von Raketen. Diese Lücke nutzte man.

Im Oktober 1932 wurde Wernher von Braun im Alter von 20 Jahren Zivilangestellter des Heereswaffenamtes. Als wenige Monate später Adolf Hitler zum Reichskanzler ernannt wurde, begann die massive Wiederaufrüstung Deutschlands. Davon profitierte der Raketenforscher. Zunächst experimentierte man noch auf dem Reichswehrschießplatz in Kummersdorf. 1936 wurde der Bau von Peenemünde begonnen, dessen technischer Direktor von Braun wurde. Den Forschern fehlte es nunmehr an nichts, es entstand eine Großforschungseinrichtung, die später zum Vorbild für die NASA und das russische Sternenstädtchen wurde. Dass ihre Raketen längst nicht mehr für den Flug zum Mond, sondern für die Vernichtung des Feindes genutzt werden sollten, nahmen die Forscher in Kauf.

Die so genannte A4, benannt nach dem Antriebsaggregat und der Baureihe, ging als V2 in die Geschichte des Zweiten Weltkrieges ein. London und Paris wurden im Kriegsjahr 1944 mit der neuen Vergeltungswaffe terrorisiert. Die Raketen wurden seit 1943 in einem stillgelegten Bergwerk in Thüringen in Serie hergestellt. Die als Mittelbau Dora bekannt gewordene Fabrik war in Wirklichkeit ein KZ. Etwa 10 000 Häftlinge kamen in dem unterirdischen Verlies erbärmlich zu Tode. Ein düsteres Kapitel in der Geschichte des Raketenbaus. Von Brauns Verstrickung in diese Verbrechen ist umstritten. Er selbst hat zeitlebens nie viel Bereitschaft gezeigt, seine Rolle in diesem trauri-

SIGISMUND, WERNHER UND
MAGNUS VON BRAUN

FRITZ LANG *traf mit seinem Film „Die Frau im Mond" auf eine weit verbreitete Raketenbegeisterung*

gen Kapitel aufzuhellen. Nach seiner eigenen Aussage hatte er bei seinen Besuchen in Mittelbau Dora keine verhungerten und misshandelten Häftlinge gesehen und auch keine Hinweise auf derartige Zustände bekommen. Dies wurde mit Recht bezweifelt, vor allem weil sein Bruder als Werksleiter den Bau der Raketen zu überwachen hatte.

Die Kriegswirtschaft brachte in Deutschland eine ganze Reihe technologischer Quantensprünge hervor. Dass an streng geheimen Waffenprojekten gearbeitet wurde, war den Alliierten schon früh bekannt. Agenten und Flüchtlinge hatten ein klares Bild der Lage vermittelt. So warnte Albert Einstein bereits 1939 in einem eindringlichen Brief an Präsident Roosevelt vor einer deutschen Atombombe.

Innenpolitisch setzten die Nazis die angeblichen Wunderwaffen geschickt für ihre Durchhaltepropaganda ein. Und so glaubten nicht wenige an die moderne Variante dessen, was man in der preußischen Geschichte „Das Wunder des Hauses Brandenburg" nannte: eine Rettung des Deutschen Reiches durch eine überraschende Wende in der Kriegsführung, diesmal durch den Einsatz neuer Waffentechnologie.

Doch trotz der teils revolutionären Entwicklungen war der Krieg im Herbst 1944 für Deutschland faktisch verloren. Die Versorgungsengpässe in der Rüstungsindustrie waren unüberbrückbar. Im Frühjahr des Jahres 1945 rückten von allen Seiten alliierte Verbände auf das Reichsgebiet vor. Am 30. April beging Hitler Selbstmord, und am 9. Mai kapitulierten die deutschen Streitkräfte.

Nach dem Krieg waren die Alliierten überrascht, wie weit entwickelt einzelne Rüstungsprojekte der Deutschen waren. Der Engländer Roy Feddon, der im Auftrag des britischen Flugzeugbauministeriums die Überreste der deutschen Luftfahrtindustrie untersuchte, bemerkte: „Wenn die Deutschen den Krieg noch einige Monate länger hätten führen können, wären wir mit einer

Reihe völlig neuartiger und tödlicher Entwicklungen im Luftkampf konfrontiert worden." Tatsächlich hatten die Deutschen sowohl bei der Entwicklung von Fernlenkwaffen als auch im Flugzeugbau einen beachtlichen technologischen Vorsprung erreicht. So hatte man in den Messerschmidt-Werken damit begonnen, die ersten Jagdflugzeuge mit Turbinen-Luftstrahltriebwerken in Serie zu bauen, und der Ingenieur Focke konstruierte bereits 1936 den ersten flugtauglichen Hubschrauber der Welt.

Im vorletzten Kriegsjahr war Wernher von Braun mit seinem Team in die bayerischen Alpen evakuiert worden. Massive Bombardements durch die Engländer hatten die Arbeit in Peenemünde zuletzt unmöglich gemacht. Das Leben in den Alpen hatte etwas Unwirkliches. Von Braun erinnerte sich später an diese Zeit: „Wir genossen herrliches Frühlingswetter, und in unserem Hotel gab es noch eine ausgezeichnete Küche und einen gepflegten Weinkeller. Während das Deutsche Reich zerfiel und überall das Chaos herrschte, lebten wir am ruhigsten und idyllischsten Platz, den man sich in dieser Turbulenz vorstellen konnte."

Langsam sickerten die Nachrichten von Hitlers Selbstmord und von der Kapitulation in das Alpenquartier. Für von Braun und sein Team drängte nun die Zeit. Überall im zerstörten Reich suchten Spezialeinheiten der Siegermächte nach den Peenemünder Raketenbauern. Dabei galt strengste Geheimhaltung, denn der Öffentlichkeit in Amerika, England und Russland wäre es schwer vermittelbar gewesen, dass man mit Nazi-Technikern zusammenarbeiten wollte. Die Amerikaner nannten ihr Unternehmen „Overcast", zu deutsch „Verdunkelung".

Nicht nur die Alliierten, auch die deutschen Wissenschaftler wussten um die Brisanz ihrer Entwicklungen. Vor die Wahl gestellt, in die Hände der Russen, Engländer oder Amerikaner zu fallen, entschlossen sich von Braun und der militärische Leiter von Peenemünde, Dornberger, zu den Amerikanern über-

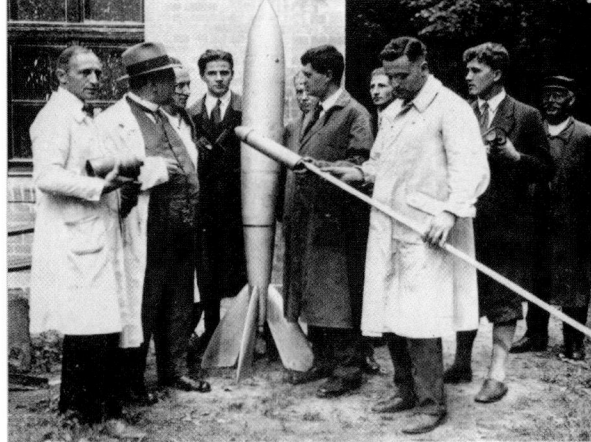

RAKETENFLUGPLATZ BERLIN, 1930

Die Pioniere der Raumfahrt auf einem frühen Bild, von links nach rechts: Rudolf Nebel, Hermann Oberth (rechts neben der stehenden Rakete), Klaus Riedel und Wernher von Braun.

DIE KERNMANNSCHAFT AUS PEENEMÜNDE IN DEN USA

Bis 1946 war es den Amerikanern gelungen, die besten Wissenschaftler um von Braun auf dem Armeestützpunkt White Sands in den USA zu versammeln.

zulaufen. Wernher von Brauns Bruder Magnus, der ebenfalls in Peenemünde gearbeitet hatte, übernahm die Aufgabe, mit den Amerikanern Kontakt aufzunehmen. Er sprach als einzige Vertrauensperson brauchbares Englisch. Magnus von Braun bahnte sich den Weg zu der nächsten amerikanischen Einheit. Wenig später fanden sich etwa 500 Peenemünder Raketenexperten in einer Kaserne in Garmisch-Partenkirchen wieder, wo sie den ganzen Sommer über von den Amerikanern verhört wurden. Neben den technischen Qualifikationen achteten die Amerikaner darauf, dass keine Mitglieder der NSDAP oder Kriegsverbrecher unter den Wissenschaftlern waren. Die Karteikarten der qualifizierten und politisch unbedenklichen Wissenschaftler wurden durch eine Büroklammer kenntlich gemacht, was der Operation den Namen „Paperclip" eintrug. Über 500 der besten Forscher aus Peenemünde kamen so in die USA.

Als Wernher von Braun am 18. September nach Amerika geflogen wurde, hatte er eine Kaminkarriere in der deutschen Raketenforschung hinter sich. Im wirtschaftlich und moralisch zerstörten Deutschland gab es für ihn nichts mehr zu tun. Die neue Supermacht Amerika bot ihm ein neues weites Feld, auf dem seine größten Erfolge erst noch vor ihm lagen.

Nach der Ankunft in den USA wurden die Forscher wieder eingehenden Verhören unterzogen und zunächst im texanischen Fort Bliss interniert. Damals hätten sich die Deutschen nicht in ihren kühnsten Träumen ausmalen können, dass dort zwanzig Jahre später reguläre deutsche Soldaten stationiert werden würden. Zu total und verheerend war die deutsche Niederlage gewesen, um an eine Wiederbewaffnung zu denken.

Anfangs wurden die deutschen Wissenschaftler wie Kriegsgefangene behandelt. Sie durften sich nicht frei bewegen, und es war ihnen nur einmal im Monat erlaubt, unter militärischer Begleitung in die nahe gelegene Stadt El Pas zu gehen, um sich mit dem Nötigsten einzudecken. Auch sonst war die

Kommunikation mit der Außenwelt auf ein Minimum reduziert. Die Familien der Forscher waren in Deutschland zurückgeblieben, wo sie in Landshut ebenfalls unter militärischer Bewachung standen. Erst 1947 wurden die Restriktionen gelockert und die Familien in die USA nachgeholt. Nachdem von Braun seine wichtigsten Wissenschaftler um sich versammelt hatte, nahm die Mannschaft aus Peenemünde ihre Arbeit wieder auf, als ob der verheerende Krieg nur ein schlechter Traum gewesen wäre. Der US-Armee war es gelungen, einige V2-Raketen zu erbeuten, und so wurden die Testserien auf dem amerikanischen Versuchsgelände White Sands in New Mexico fortgesetzt.

Die amerikanischen Wissenschaftler gingen mit den deutschen Forschern vorbehaltlos und unbefangen um, und auch die Deutschen hatten keine Bedenken, ihre Raketen als Waffensysteme für die USA weiterzuentwickeln. Deutschland war für die Neuankömmlinge in weite Ferne gerückt. Sechs Millionen ermordete Juden waren eine schwere Belastung ihres Selbstverständnisses. Für viele Deutsche wurde ihre Nationalität zu einem Komplex, den sie im Konsumrausch der Wirtschaftswunderjahre verdrängten. Wernher von Braun suchte einen anderen Weg. Er wollte Amerikaner werden und gab sich fortan patriotischer als viele seiner neuen Landsleute. Seine Bemühungen wurden 1955 durch die Verleihung der amerikanischen Staatsbürgerschaft belohnt.

Von der Öffentlichkeit unbemerkt, hatten sich auch die Russen im zusammengebrochenen Deutschland ihren Teil der Beute gesichert. In vielerlei Hinsicht hatten sie es dabei leichter als die Amerikaner, denn die geheimen Raketenfabriken Mittelbau Dora und Peenemünde lagen in der sowjetisch besetzten Zone. Bis 1947 hielten sich sowjetische Wissenschaftler in Deutschland auf. Sie eigneten sich das Wissen der verbliebenen Peenemünder an. Anders als die Amerikaner ließen die Russen die

TESTGELÄNDE WHITE SANDS, 1945

Die deutschen Raketenforscher wurden zunächst in dem abgelegenen Ort untergebracht.

WERNHER VON BRAUN

vor einer Saturn-Rakete in Cape Caneveral

deutschen Wissenschaftler nicht in leitende Positionen aufsteigen. Nachdem die sowjetischen Wissenschaftler glaubten, das ganze Wissen der Deutschen abgeschöpft zu haben, durften diese unter strengster Geheimhaltungspflicht wieder einer zivilen Beschäftigung nachgehen. Der Leiter des russischen Programms, Sergej P. Koroljow, war im Westen kaum bekannt. Vor der Öffentlichkeit arbeitete sein Team daran, die Überlegenheit des Sowjetsystems auch auf dem Gebiet der Raketentechnik zu demonstrieren.

Für von Brauns Karriere war die Sorge der USA, gegenüber der UdSSR ins Hintertreffen zu geraten, und die wieder aufkeimende Kriegsgefahr durch die Korea-Krise mehr als nützlich. Unter Präsident Truman (1945–1953) waren die Rüstungsausgaben in der unmittelbaren Nachkriegszeit wieder auf den Vorkriegsstand zurückgeschraubt worden. Nun wurde deutlich, dass die Sowjetunion eine expansive Politik betrieb, an deren Ende der Sieg des Kommunismus stehen sollte. Doch in den sowjetischen Satellitenstaaten regte sich Widerstand gegen die Fremdherrschaft und die Beschneidung der Freiheitsrechte. Der Ungarn-Aufstand 1956 und der Protest der Berliner Arbeiter 1953 waren auch jenseits des Eisernen Vorhangs deutlich wahrnehmbare Zeichen des Unmuts und der Verzweiflung.

Zur gleichen Zeit machte sich in den USA die Sorge vor einer kommunistischen Unterwanderung breit. Viele Intellektuelle und Wissenschaftler standen linken und sozialistischen Ideen nahe. Unter dem Senator Joseph McCarthy wurde aus der Sorge eine Hetzjagd auf alles, was nur im Ansatz verdächtig war, mit den Kommunisten im Bunde zu sein. Noch während der McCarthy-Ära wurde in der UdSSR 1953 die erste Wasserstoffbombe gezündet. Sie war von einer wesentlich größeren Sprengkraft als eine herkömmliche Atombombe. In dieser Situation rückte die Rakete als Trägersystem wieder verstärkt in den Blickwinkel der Militärs. Die noch

bestehende Ungenauigkeit der Treffer war angesichts des Vernichtungs-
potenzials der neuen Wasserstoffwaffe nicht mehr so gravierend.

Durch das nun beginnende Wettrüsten kamen die Peenemünder wieder ins
Spiel. Schon während des Korea-Krieges hatte der amerikanische Geheimdienst einen Vorsprung der Russen auf dem Gebiet der Raketentechnik
ausgemacht. Die US-Regierung unter Präsident Eisenhower gab 1955 den
Auftrag, Interkontinentalraketen zu entwickeln, um mit den Russen gleich-
zuziehen. Doch die USA hatten die Bemühungen der UdSSR unterschätzt
und wurden durch einige ausgereifte Raketenstarts der Russen überrascht.
1957 wurde die erste russische Interkontinentalrakete getestet, und noch im
gleichen Jahr schoss eine Rakete dieser Baureihe den ersten Satelliten in eine
Erdumlaufbahn.

Für Amerika und die westliche Welt war dieser Sputnik ein Schock, von dem
sich die Nation erst mit der Mondlandung erholen sollte. Der russische
Satellit war in seiner orbitalen Umlaufbahn viermal über das Hoheitsgebiet
der USA gezogen. Die Sowjetunion hatte ihren technologischen Vorsprung
gegenüber den USA eindrucksvoll vorgeführt. Viel schwerer wog jedoch, dass
der Sputnik von den Amerikanern und der westlichen Welt als Überlegenheit des kommunistischen Systems gewertet wurde. Einen Monat später
setzten die Russen nach und schossen mit der Hündin Laila das erste
Lebewesen in den Weltraum.

Der psychologische Schaden, den die russischen Sputniks anrichteten, war
nur durch eine schnelle Reaktion der Amerikaner wiedergutzumachen. Die
Verantwortlichkeit für das Satellitenprogramm lag in den Händen der
Marine. Ein eilig angesetzter Start einer Vanguard-Rakete scheiterte vor den
Augen der Weltöffentlichkeit und demütigte die Nation. Die Rakete hob
nicht einmal in eine Flugbahn ab, sondern explodierte noch auf der
Startrampe.

ZWANGSARBEITER IM
KONZENTRATIONSLAGER
MITTELBAU DORA

Braun bestritt, von den menschenverachtenden
Zuständen in den unterirdischen
Produktionsstätten gewusst zu haben.

Wernher von Braun erklärt Präsident
Kennedy die Saturn-Raketentechnologie.

In dieser Notlage bekam das Peenemünder Raketenteam eine ungeahnte Chance. Von Brauns Mannschaft hatte eine neue, mehrstufige Rakete für das Heer entwickelt. Diese Jupiter-C-Rakete wäre schon 1956 in der Lage gewesen, einen Satelliten in eine Erdumlaufbahn zu schießen. Da man aber dem Heer die Verantwortung für das Satellitenprojekt entzogen hatte, musste von Braun tatenlos zusehen, wie die Nation von den Russen links überholt wurde. Erst am 31. Januar 1958 gelang es den Amerikanern, von der Basis in Cape Canaveral den ersten amerikanischen Satelliten, Explorer 1, in den Weltraum zu schießen.

Die Rivalität zwischen Heer, Marine und Luftwaffe hatte einen erheblichen Anteil an der Sputnik-Niederlage. Präsident Eisenhower erkannte, dass die Kompetenzen für Weltraum und Raketentechnik neu strukturiert werden mussten. Noch im selben Jahr wurde die NASA gegründet. In dieser zivilen Einrichtung wurden alle bisherigen Aktivitäten gebündelt. Die Raketenagentur (Army Ballistic Missile Agency) des Heeres, dessen technischer Direktor Wernher von Braun seit 1956 war, transformierte zum George Marshall Space Flight Center. Die renommierteste Abteilung der NASA war benannt nach dem US-General, der sich nach dem Zweiten Weltkrieg auch für den Wiederaufbau Deutschlands eingesetzt hatte.

Die NASA hatte nun den klaren Auftrag, die UdSSR in der Raumfahrttechnik zu überholen. Der wirtschaftliche und militärische Aspekt der Forschungsarbeiten geriet immer mehr in den Hintergrund. Die Eroberung des Weltraums war zu einem kostspieligen Prestigeobjekt geworden. Nachdem die Russen das erste Lebewesen ins All geschickt hatten, war die Agenda klar: Es galt, einen Menschen in den Kosmos zu schicken und den Mond zu erobern. Von Braun war seinem Lebenstraum so nahe wie nie zuvor. Am 12. April 1961 zeigten die Russen der Welt erneut ihre Überlegenheit. Juri Gagarin flog als erster Mensch durch den Weltraum. Der junge Präsident

PRÄSIDENT EISENHOWER

zeichnet Wernher von Braun aus.

der USA, John F. Kennedy, war nun fest entschlossen, den Wettlauf zum Mond zu gewinnen. Kurz nach dem Raumflug des Russen machte sich der amerikanische Astronaut Alan Sheppard auf den Weg, konnte aber nicht in eine orbitale Umlaufbahn gelangen.

Kennedys Entscheidung für das Raumfahrtprogramm zum Mond war durch die weltpolitischen Ereignisse forciert worden. Der Kalte Krieg hatte seinen vorläufigen Höhepunkt erreicht. Im August 1961 wurde in Berlin die Mauer errichtet. Die Teilung Deutschlands schien nun unter dem Damoklesschwert der atomaren Vernichtung für immer zementiert. 1962 entdeckten amerikanische Aufklärungsflugzeuge auf Kuba russische Raketenbasen, die mit Nuklearsprengköpfen bestückt werden konnten. Damit war die Bedrohung für die USA unmittelbar geworden.

Die Welt stand im Oktober 1962 dreizehn Tage an der Schwelle zu einem Atomkrieg. Kennedy war zum Äußersten entschlossen.

Die Ära Kennedy fand mit der Ermordung des Präsidenten eine jähes Ende. Wieder war die Welt fassungslos. Ein Tatverdächtiger konnte sofort festgenommen werden, der deutschstämmige Lee Harvey Oswald. Dramatische Bilder gingen damals um die Welt. Kennedy, der schon zu Lebzeiten eine Popularität erreicht hatte, die allenfalls mit der von Abraham Lincoln vergleichbar war, wurde nach seinem Tod bis ins Mystische verklärt. Ein Grund dafür waren die Umstände seines Todes, die nie endgültig aufgeklärt werden konnten, denn der mutmaßliche Mörder Oswald wurde von dem Nachtklubbesitzer Jack Ruby erschossen. Die eigens ins Leben gerufene Kommission des Richters Warren kam zwar zu dem Schluss, dass Oswald ein verwirrter Alleintäter war, doch die meisten Menschen glaubten an eine Verschwörung.

Neue Nahrung erhielten die Verschwörungstheoretiker durch einen vom amerikanischen Kongress eingesetzten Sonderausschuss. Danach waren

Der deutsch-irische Senator Joseph McCarthy aus Wisconsin hatte 1950 in einer Rede behauptet, das amerikanische Außenministerium sei von kommunistischen Spionen unterwandert. Als Vorsitzender eines Untersuchungsausschusses war er für vier Jahre die treibende Kraft einer enormen antikommunistischen Verfolgungswelle, die in manchen Fällen als Hetzjagd gegen alles „Unamerikanische" ausartete. Die Bespitzelungen der McCarthy-Ära machten vor nichts und niemandem halt. Selbst Regierungsangestellte und Intellektuelle wurden diffamiert und eingeschüchtert. Sogar der Vater der amerikanischen Atombombe, Robert Oppenheimer, wurde von seinem Kollegen Edward Teller denunziert und verdächtigt. McCarthys Methoden führten zu einem Konflikt mit der Armee und wurden schließlich vom Senat missbilligt. Das traurige Kapitel in der Geschichte der USA beendete Präsident Eisenhower, nachdem sich herausgestellt hatte, dass viele der Anschuldigungen McCarthys nicht zu halten waren.

Nahrung erhielten die Vorwürfe McCarthys durch einen der spektakulärsten Spionagefälle der Nachkriegszeit. Der deutsche Wissenschaftler Klaus Fuchs war 1933 aus Deutschland geflohen. Schon früh engagierte sich der junge Kernforscher für die Kommunistische Partei und arbeitete zunächst in England unter dem ebenfalls aus Deutschland geflohenen Forscher Max Born. Fuchs wurde 1943 Mitarbeiter des „Manhattan Project". Während seiner Zeit in Amerika und nach seiner Rückkehr nach England übermittelte er dem sowjetischen Geheimdienst wichtige Informationen über die Wasserstoffbombe. Dem amerikanischen Geheimdienst gelang es zu spät, die verschlüsselten Botschaften abzufangen. Fuchs wurde zu 14 Jahren Haft verurteilt. Neun Jahre davon musste er absitzen. Anschließend wurde er in die DDR abgeschoben, wo er 1988 starb.

mindestens zwei Täter an dem Verbrechen beteiligt, eine Beobachtung, die interessanterweise auch die meisten Augenzeugen des Geschehens gemacht haben wollten. Seit Kennedys Tod wird abwechselnd der amerikanische Geheimdienst CIA, das FBI, die Kommunisten, aber auch rechtsradikale Kreise und der so genannte Militärisch-industrielle Komplex verdächtigt, hinter dem Komplott zu stehen.

Auch Wernher von Braun geriet in den Strudel der Verdächtigungen. 1970 erschienen die so genannten Torbit-Dokumente. In ihnen wurden der „Nazi-Wissenschaftler" von Braun und Kreise in Washington verdächtigt, den Mord geplant und organisiert zu haben. Von Braun war einer der wichtigsten Personen im Militärisch-industriellen Komplex. Dem Papier zufolge war die Sorge, dass Kennedy die Etats der NASA massiv kürzen würde, eines der Hauptmotive für den organisierten Mord. Zumindest dieses Argument kann aufgrund der Tatsachen als widerlegt gelten, denn unter Präsident Kennedy stieg der Etat der NASA auf Rekordhöhe. Der Verdacht zeigte aber, dass von Braun sein Nazi-Image nie vollkommen ablegen konnte. Auch sein Bemühen, sich als patriotischer amerikanischer Staatsbürger zu geben, konnte daran nichts ändern.

So wurde von Braun durch den Mord an Kennedy an ein dunkles Kapitel seiner Vergangenheit erinnert. Dennoch konnte er wenige Jahre später seinen Lebenstraum verwirklichen. Während seiner Amtszeit hatte der Präsident die Grundlagen für eine erfolgreiche Mission zum Mond gelegt. Am 20. Juli 1969 war es so weit – Neil Armstrong und Edwin Aldrin landeten auf dem Mond.

Am 16. Juli 1945 wurde in New Mexico die erste Atombombe der Welt
gezündet. Am 6. August explodierte eine Atombombe in Hiroshima und am
9. August eine weitere in Nagasaki. Das Atomzeitalter hatte begonnen und
markierte einen Wendepunkt in der Kriegsführung.

Deutsche Wissenschaftler hatten zu der Entwicklung der Bombe maßgeblich
beigetragen. Neben den Universitäten Kopenhagen, an der Niels Bohr lehrte,
und Cambridge war insbesondere die Universität Göttingen auf dem Gebiet
der Kernforschung führend. Otto Hahn hatte 1938 die Kernspaltung
entdeckt. Die dabei freiwerdende Energie konnte sowohl für friedliche wie
auch für militärische Zwecke eingesetzt werden.

Der Leiter des amerikanischen Atombombenprojekts, Robert Oppenheimer, drängte auf die schnelle Entwicklung einer US-Bombe. Oppenheimer, dessen Eltern noch vor dem Ersten Weltkrieg aus Deutschland eingewandert waren, erkannte als Erster die Tragweite der Entdeckung und
die Gefahr, die eine solche Bombe in den Händen der Nazis darstellte.
Oppenheimer holte sich einige der besten Wissenschaftler in sein Team,
unter ihnen viele Deutsche. Die meisten von ihnen waren vor der Verfolgung durch die Nazis geflohen und forschten und arbeiteten nun an amerikanischen Universitäten. Unter den bekanntesten waren Edward Teller,
der spätere Vater der Wasserstoffbombe, und Hans Bethe. Für die Wissenschaftler im Los-Alamos-Projekt begann nun ein Wettlauf gegen die
Nazis.

Edward Tellers Lehrer Werner Heisenberg war vom Heereswaffenamt
dienstverpflichtet worden. Der Auftrag lautete: Bau eines Kernreaktors.
Glücklicherweise erkannte die Nazi-Führung den vollen Umfang der
Kernwaffenprojekte nicht oder zu spät. Zwar wurde im württembergischen

ALBERT EINSTEIN UND ROBERT
OPPENHEIMER *Oppenheimer war der „Vater" der*
amerikanischen Atombombe. Er wurde als Kind deutscher
Einwanderer in New York geboren und hatte unter anderem
in Deutschland studiert.

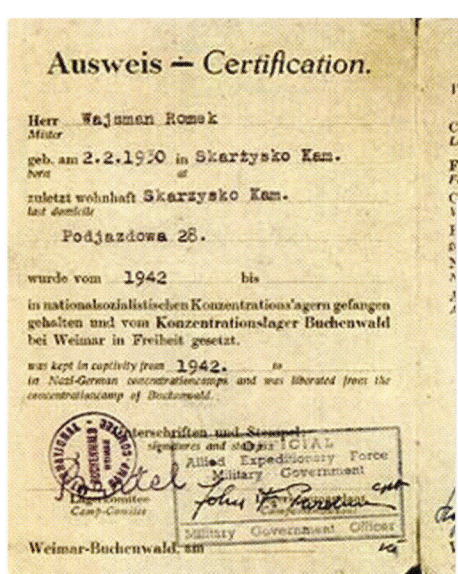

Zwischen 1941 und 1950 kam eine Viertel
Million Menschen aus dem deutschsprachi-
gen Europa in die USA. Vor allem
Heimatvertriebene und Menschen aus deut-
schen Siedlungsgebieten in Osteuropa profi-
tierten von der großzügigen Lockerung der
Einwanderungsbestimmungen. Die
Regelung richtete sich aber insbesondere an
Überlebende von Konzentrationslagern und
Menschen, denen eine Heimkehr in ihre alte
Heimat nicht mehr zuzumuten war.

Haigerloch noch ein kleiner Versuchsreaktor gebaut, doch wurde nie kern-
waffenfähiges Material gewonnen, geschweige denn eine Kettenreaktion
gestartet. Heisenberg hielt schon 1941 den Bau einer deutschen Atombombe
für machbar. Allerdings glaubte er, dass der enorme technische Aufwand, der
zur Gewinnung kernwaffenfähigen Materials nötig gewesen wäre, nicht mehr
vor dem Ende des Krieges bewältigt werden könnte. Diese Einschätzung trug
er auch der Nazi-Führung vor, die daraufhin beschloss, das Projekt auf kleiner Flamme weiterzukochen. Nach Aussage Heisenbergs konzentrierte sich
die Arbeit der deutschen Wissenschaftler auf die Möglichkeiten der zivilen
Nutzung nach dem Krieg. Gegenüber seinem Kollegen Carl Friedrich von
Weizäcker äußerte er die Sorge, dass die deutschen Wissenschaftler, die in
Amerika Zuflucht gefunden hatten, sich aus Dankbarkeit für die vermeintlich gute Sache am Bau einer Atombombe beteiligen könnten. Eine Reise zu
Niels Bohr nach Kopenhagen sollte dazu dienen, den völlig isolierten deutschen Wissenschaftlern wieder Kontakt zu den ehemaligen Kollegen in
Amerika zu verschaffen. Die Mission endete erfolglos und war von Miss-
verständnissen begleitet. Die deutschen Wissenschaftler erfuhren erst in
englischer Gefangenschaft auf dem Landsitz Farm Hall nahe Cambridge
vom Abwurf der ersten Atombombe über Hiroshima. Otto Hahn fühlte sich
als Erfinder der Kernspaltung für die Tragödie mitverantwortlich und war
von der Nachricht so schockiert, dass seine Kollegen befürchteten, er werde
sich das Leben nehmen.

Amerikas atomare Vormachtstellung währte nicht lange. 1948 zündeten die
Russen ihre erste Atombombe – ein Schock für die Amerikaner, die sich nach
dem Krieg als technologische Führungsmacht sahen. Angst machte sich in
der westlichen Welt breit. Als Russland 1953 die erste Rakete mit nuklearem
Sprengstoff bestückte, waren die USA bereits mitten im Kalten Krieg. Die
strategischen Aspekte der Kriegsführung hatten sich vollkommen geändert.

Von nun an war es möglich, den Feind auch weit hinter seinen Linien empfindlich zu treffen.

Die Entwicklung hatte von Braun vorhergesehen. 1951 hatte er in einer Rede vor den möglichen Bedrohungen durch Kontinentalraketen gewarnt: „Ein Damoklesschwert bedroht die freien Völker, eine zerstörerische Kraft, die in den automatischen Trägersystemen dieser Waffen liegt, die jederzeit über große Entfernungen und gleichsam auch über jede geografische und politische Barriere hinweg nukleare Sprengköpfe mit einer so großen Geschwindigkeit transportieren können, dass sie ihre Ziele vollständig zerstören, noch bevor sich irgendeine Verteidigungsmaßnahme durchführen lässt."

Bibliografie

Allgemeine Darstellungen

Adams, Willi Paul, Hrsg.: Die deutschsprachige Auswanderung in die Vereinigten Staaten, Berlin 1980.

Adams, Willi Paul: Die USA vor 1900, München 2000.

Adams, Willi Paul, Hrsg.: Fischer Weltgeschichte, Bd. 30, Die Vereinigten Staaten von Amerika, Frankfurt 1977.

Brogan, Hugh: The Penguin History of the USA, London 2001.

Cronau, Rudolf: Drei Jahrhunderte deutschen Lebens in Amerika. Eine Geschichte der Deutschen in den Vereinigten Staaten, Berlin 1909.

Chamisso, Adalbert v.: Reise um die Welt, 1. u. 2. Teil. In: Chamissos Werke, hrg. v. W. Rauschenbusch, 1. illustrierte Ausgabe, 2. Bd., 4. Auflage, Berlin 1884.

Dippel, Horst: Geschichte der USA, München 2002.

Gorbatschow, Michail: Wie es war, Berlin 1999.

Galicich, Anne; Stotsky, Sandra: The German Americans, New York, Philadelphia 1996.

Helbich, Wolfgang, Hrsg.: Briefe aus Amerika. Deutsche Auswanderer schreiben aus der Neuen Welt 1830–1930, München 1988.

Helbich, Wolfgang: Alle Menschen sind dort gleich … Die deutsche Amerika-Auswanderung im 19. und 20. Jahrhundert, München 1989.

Kapp, Friedrich: Geschichte der Deutschen im Staate New York bis zum Anfange des neunzehnten Jahrhunderts, New York 1869.

Koch, Eckart: Die Geschichte der Deutschen im Wilden Westen, www.karl-may-stiftung.de/koch/index.html

Luebke, Frederick C.: Three Centuries of Germans in America, in: Luebke, Germans in the New World. Essays in the History of Immigration, Urbana 1990.

O'Connor, Richard: The German Americans. An Informal History, Boston 1970.

Sautter, Udo: Geschichte der Vereinigten Staaten von Amerika, Stuttgart 1998.

Tolzmann, Don Henry: The German-American Experience, Amherst, New York 1999.

Trommler, Frank; Shore, Elliott: Deutsch-amerikanische Begegnungen. Konflikt und Kooperation im 19. und 20. Jahrhundert, Stuttgart, München 2001.

Trommler, Frank (Hrsg.): Amerika und die Deutschen, Opladen 1986.

Wilk, Gerard: Americans from Germany, New York 1976.

1. Glaube, Flucht und Hoffnung

Aranha, Stephen B.: Deutsche Einwanderer in den USA seit 1683. www.student-online.net/Publikationen/47

Critchlow, Donald T.: Studebaker: The Life and Death of an American Corporation, Bloomington Indiana 1997.

Degenhardt, Franz Josef: August Heinrich Hoffmann genannt von Fallersleben, München 1991.

Dexter Learned, Marion: The Life of Francis Daniel Pastorius. The Founder of Germantown, Philadelphia 1908.

Dunn, Richard u. Mary: The World of William Penn, Philadelphia 1986.

Eduard Castle: Der große Unbekannte. Das Leben von Charles Sealsfield, München 1952.

Grassl, Gary C.: First Germans at Jamestown. www.germanheritage.com

Greene Daniel P.: New Braunfels, Texas, www.tsha.utexas.edu/handbook/online/

Hoffmann von Fallersleben, August Heinrich: Gesammelte Werke, Berlin, 1890–94.

Israel, Fred: The Amish, New York, Philadelphia 1996.

Kennedy, John F.: Zivilcourage, München 1967.

Lich, Glen E.; Moltmann, Günter: Solms-Braunfels, Prince Carl of (1812–1875). www.tsha.utexas.edu/handbook/online/articles/view

Wolfram M., Maszewski (Hrsg.): Voyage to North

America, 1844–45: Prince Carl of Solms's Texas Diary of People, Places and Events, Dallas 2000.

Madsen, Axel. John Jacob Astor: America's First Multimillionaire, New York 2001.

Marx, Henry: Die deutsche Sprache in Amerika, www.aufbauonline.com/geschichte/Geschichte/

Maurer, Konrad u. Viola: Vom Main zum Delaware. Das Leben des ersten deutschen Siedlers in Amerika. Franz Daniel Pastorius, ohne Ort u. Jahr.

Powell, Jim: The Freeman William Penn, America's First Great Champion for Liberty and Peace, www.quaker.org/wmpenn.html

Randall, Betty: Germantown Pennsylvania, www.ulib. iupui.edu/kade/germantown.html 2001.

Paul, Roland, Die Pfalz – ein Ein- und Auswanderungsland, in: Kurpfalz, hrsg. von Alexander Schweickert, Stuttgart-Berlin-Köln 1997.

www.queichtalmuseum.de/Ausstellungshistorie

Sealsfield, Charles: Tokeah. Bearb. v. Karl Bamberger, Stuttgart 1962.

Sealsfield, Charles: Das Kajütenbuch, Wiesbaden 1959.

Seidensticker, Oswald: Die erste deutsche Einwanderung in Amerika und die Gründung von Germantown im Jahre 1683, Philadelphia 1883.

Seveke, Harry: Die Kentucky Rifle – die eigentlich Pennsylvania Rifle heißen sollte. In: Friedrich Wilhelm von Steuben – Leben, Zeit und Zeitgenossen. Katalog zur Ausstellung der Stiftung Preußischer Kulturbesitz in Berlin u. a., Berlin 1980.

Struve, Walter: Die Republik Texas, Bremen und das Hildesheimische. Hildesheim: Lax, 1983.

Turner B.: Survivors: A Record of the Survivors of the Donner Party Post 1846–47, 1993.

Zweig, Stefan: Amerigo. Die Geschichte eines historischen Irrtums, (1944) Frankfurt am Main 2000.

2. Söldner, Kampf und Unabhängigkeit

Back, Helmut: Friedrich Wilhelm von Steuben auf der Suche nach militärischer Verwendung und seine Übernahme in amerikanische Dienste (1773–1777), in: Friedrich Wilhelm von Steuben – Leben, Zeit und Zeitgenossen. Katalog zur Ausstellung der Stiftung Preußischer Kulturbesitz in Berlin u. a., Berlin 1980.

Bancroft, George: Die Geschichte der Amerikanischen Revolution, Leipzig 1875, 7 Bände.

Countryman, Edward: The American Revolution. London 1991.

Fabian, Franz: Steuben. Ein Preuße in Amerika, Berlin 1996.

Giesebrecht, Werner (Redaktion): Friedrich Wilhelm von Steuben – Leben, Zeit und Zeitgenossen. Katalog zur Ausstellung der Stiftung Preußischer Kulturbesitz in Berlin u. a., Berlin 1980.

Selig, Robert: Friedrich Wilhelm von Steubens Kommando in Virginia. In: Friedrich Wilhelm von Steuben – Leben, Zeit und Zeitgenossen. Katalog zur Ausstellung der Stiftung Preußischer Kulturbesitz in Berlin u. a., Berlin 1980.

Steuben, Henning von; Hogendorf, Frank: General Friedrich Wilhem v. Steuben, www.steuben.de

Treutlein, Klaus: Friedrich Wilhelm von Steubens „Regulation Book", in: Friedrich Wilhelm von Steuben – Leben, Zeit und Zeitgenossen. Katalog zur Ausstellung der Stiftung Preußischer Kulturbesitz in Berlin u. a., Berlin 1980.

Palmer, John Mc Auley: General v. Steuben, Berlin 1938.

Preußen und die Vereinigten Staaten

Adams, Henry M.: Die Beziehungen zwischen Preußen und den Vereinigten Staaten 1775–1870, Würzburg 1960.

Arndt, Karl J. R. (Hrsg.): Der Freundschafts – und Handelsvertrag zwischen Seiner Majestät dem König von Preußen und den Vereinigten Staaten von Amerika, München 1977.

Goldman, Guido: A History of the Germanic Museum at Harvard University, Minda de Ginzberg Center for European Studies, Harvard 1989.

Krauel, Richard: Prince Henry of Prussia and the

Regency of the United States 1786, in: American Historical Review 44 (Oct. 1911).

Preußen, Oskar Prinz v.: Wilhelm II. und die Vereinigten Staaten von Amerika, Neuried 1997.

Eelking, Max von: Die deutschen Hilfstruppen im nordamerikanischen Befreiungskriege, 1776–1783, Hannover 1863.

Hessen, Rainer von (Hrsg.): Wir, Wilhelm von Gottes Gnaden. Die Lebenserinnerungen Kurfürst Wilhelms I. von Hessen 1743–1821, Frankfurt 1996.

Kapp, Friedrich: Leben des amerikanischen Generals Friedrich Wilhelm von Steuben, Berlin 1858.

Kapp, Friedrich: Friedrich der Große und die Vereinigten Staaten von Amerika, Leipzig 1871.

Die Hessischen Söldner im amerikanischen Unabhängigkeitskrieg

Kapp, Friedrich: Der Soldatenhandel deutscher Fürsten nach Amerika, Berlin 1864.

Kipping, Ernst: Die Truppen von Hessen-Kassel im Amerikanischen Unabhängigkeitskrieg 1776–1783, Darmstadt 1965.

Losch, Philipp. Soldatenhandel, Kassel 1933.

Lowell, E. J.: Die Hessen und die anderen deutschen Hilfstruppen im Kriege Groß Brittaniens gegen Amerika 1776–1783, Braunschweig 1901.

Riedesel zu Eisenbach, Friederice Frfr.: Die Berufs-Reise nach Amerika, Berlin 1901.

Schenck zu Schweinsberg, Gustav Frhr.: Der angebliche Verkauf der Hessen nach Amerika, in: Allg. Mil. Ztg. 1890, S. 524.

Werthern, Frhr. v.: Die hessischen Hilfstruppen im Nordamerikanischen Bürgerkriege, Kassel 1895.

3. Goldrausch und Blue Jeans

Doubek, Katja: Blue Jeans. Levi Strauss und die Geschichte einer Legende, München 2003.

Downey, Lynn: Invention of Levi's 501 Jeans, www.levistrauss.com/about/history/jeans.htm

Gay, Ruth: Unfinished People, New York 1996.

Graham, Katharine: Personal History, New York 1997.

Henry, Sondra; Taitz Emily: Everyone Wears His Name: A Biography of Levi Strauss, 1990.

Wied-Neuwied, Maximilian Prinz zu: Reise in das Innere Nord-Amerikas, 2 Bde., Koblenz 1839–1841.

Württemberg, Paul Wilhelm von: Reisen und Streifzüge in Mexiko und Nordamerika 1849–1856. Hrsg. von Siegfried Augustin, Stuttgart, Wien 1986.

Zweig, Stefan: Sternstunden der Menschheit 1943, Frankfurt 1970.

4. Die Nation formt sich

Wersich, Rüdiger: Carl Schurz 1929–1906, Rastatt 1999.

Dannehl, Otto: Carl Schurz: Ein deutscher Kämpfer, Berlin 1929.

Paine, Albert Bigelow: Thomas Nast, His Peroid and His Pictures, New York, 1904.

Hans L. Trefousse: Carl Schurz, New York 1998.

Carl Schurz, Lebenserinnerungen, 3 Bd., Berlin 1906–12.

Rudolf Baumgardt, Carl Schurz: Ein Leben zwischen Zeiten und Kontinenten. Berlin 1940.

Höwing, Hans: Carl Schurz: Rebell-Kämpfer – Staatsmann. Nach seinen Briefen, Erinnerungen und Veröffentlichungen. Wiesbaden 1948.

Whitelaw, Nancy: Joseph Pulitzer and the New York World (Makers of the Media), Greensboro 1999.

Rottenberg, Dan: The Man Who Made Wall Street, University of Pennsylvania Press 2001.

Twain, Mark. Carl Schurz, Pilot. In: Harper's Weekly (May 26, 1906).

Stolberg-Wernigerode, Otto Graf zu: Deutschland und die Vereinigten Staaten von Amerika im Zeitalter Bismarcks, Berlin / Leipzig 1933.

Helbich, Wolfgang; Kamphoefner, Walter D. (Hrsg.): Deutsche im Amerikanischen Bürgerkrieg. Briefe von Front und Farm 1861-1865, München 2002.

Zucker, Adolf E. (Hrsg.): The Forty-Eighters. Political Refugees of the German Revolution of 1848, New York 1950.

Wittke, Carl: The German Language Press in America. University of Kentucky Press 1957.

Kühn, Martin: Auswanderer, Amerika und eine gescheiterte Revolution in Deutschland: 1848/49, www.uni-oldenburg.de/nausa/1848/48start.htm

Martin, Michael: Santa Claus aus der Pfalz, in: Die Zeit 50/2002.

5. Bier für die Welt

Chernow, Ron: Titan. The Life of John D. Rockefeller Sr., New York 1998.

Chernow, Ron: The House of Morgan, New York 1990.

Endlich, Lisa: Goldman Sachs. Erfolg als Unternehmenskultur, München 2000.

Hernon, Peter; Ganey, Terry: Under The Influence: The Unauthorized Story of the Anheuser-Busch Dynasty, New York 1991.

Holland, Gerald: The King of Beer, in: The American Mercury, October, 1929, www.beerhistory.com

Miller, Carl H.: The Rise of the Beer Barons, www.beerhistory.com

Villard de Borchgrave, Alexandra / Cullen, John: Villard: The Life and Times of an American Titan, New York 2001.

6. Märchen, Magie und Mythos

Asper, Helmut G.: „Etwas Besseres als den Tod …". Filmexil in Hollywood. Marburg 2002.

Bayer, Udo: Laemmle und Deutschland, www.laupheim.de/c_lammle.html

Bayer, Udo: „I am doing what my heart dictates me." Carl Laemmles Bürgschaftserklärungen für jüdische Flüchtlinge, www.laupheim.de/c_lammle.html

Bayer, Udo: Carl Laemmle – von Laupheim nach Hollywood, www.laupheim.de/c_lammle.html

Blum, Heiko R.: Zweite Heimat Hollywood. Deutschsprachige Filmkünstler in den USA, Berlin 2001.

Drinkwater, John: The Life and Adventures of Carl Laemmle, London 1931.

Gabler, Neal: How the Jews Invented Hollywood, New York 1988.

Kohner, F.: The Magician of Sunset Boulevard, Palos Verdes 1977.

Kreimeier, Klaus: Die Ufa-Story, Geschichte eines Filmkonzerns, München 1992.

7. Flucht in die Demokratie

Blumenthal, W. Michael: The invisible Wall. Germans and Jews, Washington 1998.

Chernow, Ron: The Warburgs, New York 1993.

Flösing, Albrecht: Albert Einstein, Frankfurt 1993.

Hitchens, Christopher: Die Akte Kissinger, Stuttgart 2001.

Isaacson, Walter: Kissinger. A biography. New York 1996.

Laqueur, Walter: Geboren in Deutschland. Der Exodus der jüdischen Jugend nach 1933, Berlin / München 2000.

Stern, Fritz: Der Traum vom Frieden und die Versuchung der Macht, Berlin 1988.

8. Aufbruch ins All

Braun, Magnus Freiherr von: Von Ostpreußen bis Texas. Erlebnisse und zeitgeschichtliche Betrachtungen eines Ostdeutschen, Stollham 1955.

Dornberger, Walter: Peenemünde. Die Geschichte der V-Waffen, Esslingen 1981.

Eisfeldt, Rainer: Wernher von Braun und die Geburt der Raumfahrt aus dem Geist der Barbarei, Hamburg 1996.

Heisenberg, Werner: Der Teil und das Ganze, München 1969.

Irving, David: Die Geheimwaffen des Dritten Reiches, Gütersloh 1965.

Marchis, Vittorio: Wernher v. Braun, Spektrum der Wissenschaft, Biografie 4/2001.

Weyer, Johannes: Wernher v. Braun, Hamburg 1999.

Bildnachweise

AKG 42, 131, 132, 146
AP Worldwide 148
Butler Institute of
    American Art 78,
Cincinnaty Historical
    Society 92
Corbis Images 77, 105,
    128
Deutsche Stiftung
    Kinemathek 140
Deutsches Historisches
    Museum 54, 60
DPA 134 ff
Drexel University 106
Hapag-Lloyd 68, 70 ff,
    80 ff, 94 ff, 98 ff, 122 ff
Historical Society of
    Pennsylvania 22
Landesarchiv Berlin 130
Library of Congress 19,
    23, 24 ff, 28 ff, 34 ff, 40,
    44 ff, 51 ff, 66 ff, 83 ff,
    88 ff, 96, 101, 141 ff
Levi Strauss Museum 68
Maryland Historical
    Society 16 ff, 86 ff
National Portrait Gallery,
    Smithsonian
    Institution 31, 49, 76
New York State Historical
    Ass., Cooperstown 50
New York Public Library
    Picture Collection 33
Ullstein Bilder Dienst
    119, 144 ff
Universal Studio Archives
    106 ff, 114 ff
Watertown Historical
    Society 93

Trotz intensiver Be-
mühungen ist es nicht
gelungen, alle Rechte-
inhaber ausfindig zu
machen.
Wir bitten, etwaige
Ansprüche beim Verlag
geltend zu machen.

2. Auflage
© Schenck Verlag Hamburg, Oktober 2003
Konzeption, Text & Bildredaktion:
Christoph Freiherr Schenck zu Schweinsberg
Gestaltung: Rothfos & Gabler, Hamburg
Textbearbeitung: Ulrike v. Goetz
Druck: Druckhaus Köthen
Umschlagfoto: Landesbildstelle Hamburg
ISBN 3-937566-00-7
(ISBN 3-203-82505-8 Erstausgabe)

www.schenck-buecher.de